辺境の怪書、歴史の驚書、ハードボイルド読書合戦

高野秀行
清水克行

集英社文庫

目次

はじめに

読書というのは、基本的には孤独な楽しみなのだろう。ただ、ほんとうに面白い本を読んだとき、人は「誰かとこの本について語り合いたい」という強い欲求におそわれる。特に、それが知的刺激の強い本であればあるほど、「その道の見識ある人の意見を聞きたい」と思う。とはいえ、その一方で、その分野の専門家を前にして自分の無知を思い知らされるのもいたたまれない。それならむしろ、「気の置けない友だちとその本について好き放題にしゃべりたい」とも思う。何を隠そう、読書好きの、このわがままで不可能に近い欲求を同時に叶《かな》えたのが本書なのである。

私たち二人は、「世界の辺境を旅するノンフィクション作家」と「日本中世の古文書を研究する歴史家」として、これまで特に接点もなく過ごしてきたのだが、ひょんな出会いから『世界の辺境とハードボイルド室町時代』（集英社インターナショナル・集英社文庫）という対談本を刊行した。「世界の辺境」と「日本中世」というお互い交わるはずのない社会の奇妙な一致や相違点を奔放に語り合った、この他流試合は、「超時空比較文明論」として多くの人に楽しんでもらえたようだし、何よりしゃべっている当人たちがそれを一番楽しんだ。

そんなわけで、前著の続編を、という話は早くからあったのだが、これには意外にも高野さんのほうがストイックな姿勢を示した。いわく、前著は「世界の辺境」と「日本中世」のミスマッチのインパクトがウケたのであって、二番煎じは当然、そのインパクトが薄らいでしまう。コンビは解消して、これからはお互いの専門分野に立ち返るべきである。なるほど、まったくの正論である。私もそれに同意した。

ところが、二人の奇縁は仕事とはまったく関係ないところで、その後も途絶えることなく続き、一緒に飲み喰《く》いなどする機会が重ねられた。もちろん、二人のバックグラウンドはかなり違うのだが、会うと必ず話題に出るのが、最近読んだ本の話。あるとき、特に高野さんが私に強く感想を求めてきたのが、J・C・スコットの『ゾミア』だった。話を聞いてみると、確かに面白そうな本だ。それなら読んでみてもいいな、と応じたところ、高野さんは『ゾミア』だけと言わず、これからお互いに共通の本を読んできて、それを素材に語り合う読書会形式の対談なんかをやったら、面白いのではないか、と提案してきた。ちょうど、その場に前著の編集者も同席していたために彼女もこれに飛びつき、結局、あれよあれよという間に、この企画が走り出した。

え？　最初のコンビ解消宣言はどこへ行ったの？　と思わなくもなかったが、すでに高野さんは夢中になっていたし、冒頭に述べた通り、ふだん読むことのないジャンルの本を最高のナビゲーターとマンツーマンで読めて、なおかつ気を使わなくてもいいのなら、これ以上楽しいことはない、と思い、私も喜んでこれに同意した。

そんな経緯で生まれたのが本書である。対談は三カ月に一回のペースで八回、二年間にわたって行われ、そのエッセンスは集英社の季刊誌『kotoba』に連載された。次の課題図書は一つの対談を終えるたびに、そのつど考える、という行き当たりばったりの姿勢で臨んだが、結果的に、それによって一つの本から生まれた疑問をもとに次の本が選定され、さらに考察が深まるという、毎回の話題に柔らかい連関が生まれたのではないかと思う。そこで扱われる世界も、「ボーダレス社会」（第一・二・三章）→「自力救済社会」（第三・四・五章）→「無文字社会」（第六・七・八章）と、ゆるやかに変移している。もう少しカッコよくいえば、それぞれ無意識に〈民族〉〈国家〉〈言語〉が主題になっている。本書は、二人のお気楽な読書体験録として読んでもらってもうれしいが、読みようによっては、そういった重要な問題群を考える何らかのヒントになるかもしれない。

歴史をひもとけば、地球を駆けまわれば、私たちの社会とは異なる価値観で動く社会がたくさんある。「今、生きている世界がすべてではない」「ここではない何処《どこ》かへ」という前著のメッセージに共感してくれた読者の皆さんの期待を、本書も裏切らない内容であると思うし、前著を読んでいない方々にもきっと楽しんでもらえるのではないかと思う。私たちの読書会の三人目の参加者として、どうか新たな超時空比較文明論を楽しんでもらいたい。

清水克行

辺境の怪書、歴史の驚書、ハードボイルド読書合戦

第一章　『ゾミア』

——文明は誰のもの⁉

『ゾミア　脱国家の世界史』

ジェームズ・C・スコット著／佐藤 仁監訳
みすず書房／二〇一三年／六四〇〇円＋税

中国西南部から東南アジア大陸部を経てインド北東部に広がる丘陵地帯を政治学者・人類学者である著者は、「ゾミア」という造語で呼ぶ。従来、この辺境地域に暮らす山地民は「未開で遅れている人々」ととらえられてきた。これに対し、スコットは、彼らは国家による課税や奴隷化を逃れ、自由を求めて避難してきた人々だと喝破する。さらに、ゾミアに共通して見られる焼畑農耕やさまざまな文化特性は、国家への編入を回避するために「戦略的に選び取られた原始性」だと述べ、自らの意思で文明と距離をおき、国家の支配をかわしてきた人々が、第二次世界大戦以前は世界各地に存在していたという「アナーキズム史観」を提示する。

ジェームズ・C・スコット

イェール大学政治学部・人類学部教授。一九三六年、米ニュージャージー州生まれ。六七年、イェール大学で政治学博士号を取得。ウィスコンシン大学マディソン校政治学部助教授を経て七六年から現職。東南アジアをフィールドに、地主や国家の権力に対する農民の日常的抵抗を学問的に論じてきた。二〇一〇年、第二一回福岡アジア文化賞受賞。六〇歳を過ぎてからもビルマ語を学び、フィールドワークを続ける現場派であり、自宅では農業や養蜂も営む。全米芸術科学アカデミー・フェロー。他に『反穀物の人類史　国家誕生のディープヒストリー』（みすず書房、二〇一九年）などの著書がある。

「文明から未開へ」逆転の歴史観

高野　なんだか、ゼミの発表に来たみたいですよ。緊張してきた（笑）。ゼミなんか、学生時代、所属したこともないのに。
清水　あ、そうなんですか。
高野　ないです。というか、ゼミってものがなかったんですよ、うちの学部は。
清水　へえ、ディスカッションをやったりするような場は。
高野　なかったんです、ぜんぜん。
清水　じゃあ、初めてのゼミじゃないですか。
高野　初めてのゼミ。清水ゼミ（笑）。
清水　しかもマンツーマン（笑）。
高野　休めねえよ、これ、みたいな（笑）。
清水　よく履修者の少ないゼミだと、そんな感じになっちゃいますよね。あれはお互い気まずいんだ……。
高野　それで、今回、取り上げる『ゾミア』ですけど、これを読んだとき、清水さんの感想を聞かせてもらいたいなって、まず思ったんですよ。

清水　いきなり本題なんですね。いや、面白かったですよ。でも、高野さん、よくこんな分厚い本、読みますよね。

高野　大学の先生が何を言っているんですか（笑）。

清水　だって、二段組で本文が三五〇ページもあって、かなり重厚な中身ですよね。しかも表紙は真っ赤ですもんね。異様な装丁ですよ（笑）。

何をきっかけに読もうと思ったんですか、これ。

高野　『ゾミア』は、最近、文化人類学や東南アジアの地域研究を行っている研究者たちの間ですごく話題になっていると聞いたもので。

僕は、この本で「ゾミア」と呼ばれている場所、中国西南部から東南アジア大陸部を経てインド北東部に広がる丘陵地帯を長いことフィールドにしてきて、そこに暮らしているワ*1とかカチン*2とかミャオ*3とかシャン*4とかタイといった民族にも馴染《なじ》みがあるわけです。

*1　ワ
ミャンマー（ビルマ）東北部、中国雲南省に住む民族。高野は一九九五～九六年、ミャンマー側のワの村に住み込み、ケシ栽培を行った（『アヘン王国潜入記』〈集英社文庫〉を参照）。

*2　カチン
ミャンマー北部、中国雲南省に住む民族。中国語では景頗（ジンポー）族と呼ばれる。

*3　ミャオ
中国では苗族、タイやラオスではモン（フモン）と呼ばれる。中国南部、タイ、ベトナム、ラオス、ミャンマーに居住する民族。一〇〇〇年以上前は揚子江（長江）中・下流域に住んでいたが、宋代（一〇～一三世紀）以

それと、納豆の取材[*5]をやってきていて、ゾミアってアジアの納豆地帯とほぼ重なるわけですよ。だから、「アジア納豆」を考えるうえでも、この本は外せない文献になってしまっているんです。
そんなわけで、読んでみたら、やっぱりむちゃくちゃ面白い。ただ、僕には、この本に書かれている内容がリアリティをもって迫ってきたんですけど、研究者の間には賛否両論あるっていう話も聞いていて、じゃあ、日本史を専門とする清水さんが読むとどうなのかなと興味をもったんですよ。

清水　いや、面白かったですよ。これは逆転の発想ですよね。従来の人類学では、ゾミアの丘陵地帯に住む焼畑農耕民は「古い生活を残している人たち」と考えられてきたじゃないですか。むしろ、この人たちの現在の生活実態から前近代の生活を逆推したりしてきた。でも、ここで言っているのは、その見方を完全にひっくり返して、定住型国家から逃げていった人たちがそこに「戦略的な原始性」をつくり出したということですよね。

高野　事例や文献は以前からあったけど、多くの研究者は先入観を抱いていて、平地国家が発達させた文明の恩恵にあずかれなか

降の漢族の南下・拡大の動きに伴って南方に押し出され、東南アジアまで移動したと推定される。

＊4　シャン／タイ
主にミャンマー・シャン州に住む民族。中国では傣（ダイ）族、タイ王国ではタイ・ヤイと呼ばれる。自称は「タイ（Ｔａｉ）」で、タイ王国のマジョリティであるタイ（Ｔｈａｉ）とは発音で区別される。タイ語族の言語を話す。二〇世紀半ばから現在に至るまでミャンマーからの独立を求める声が強い。高野は一九九〇年代半ば、シャン独立運動を支援していた。

＊5　納豆の取材
アジア大陸では日本と同様、大豆を納豆菌によって発酵

った人たちが山間部に残ったというふうにしか見てこなかったということですよね。

清水　『三国志演義』*6を読むと、後半で蜀《しょく》の諸葛孔明《しょかつこうめい》*7が南蛮遠征する話が出てきますけど、あそこがまさにゾミアですね。ただ、そこに描かれる世界は毒の泉があったり、象や虎を操る原住民軍がいたり、アマゾネスがいたり、ハチャメチャですよね（笑）。まさに文明から取り残された世界というイメージ。たぶん漢民族の伝統的な辺境観が投影されてるんでしょうけど、この本を読むと、そういう辺境観が成り立たなくなりますよね。彼らはある時期から意図的に「未開」に立ち戻ったんだ、ってわけでしょ。やっぱり研究者によっては拒絶反応を示す人もいるんじゃないですか。

高野　自分たちが築き上げてきた理論が崩壊しかねないですよね。

清水　飯の種にかかわると思いますよ。僕もこれまでは、この本でゾミアと呼ばれている地域は古い社会を素朴に今に残している場所だと思っていたので、読んでみて、なるほど、まったく逆の見方もできるのかと思いましたけど。

させた納豆が広く食べられている。高野はこれを「アジア（大陸）納豆」と名付けて取材。『謎のアジア納豆』（新潮社、二〇一六年）という本にまとめた。

＊6　『三国志演義』　明代に書かれた中国の長編大衆小説。作者は羅貫中と伝えられる。魏・呉・蜀が天下を三分した三国時代（三世紀頃）を舞台に、蜀の劉備・関羽・張飛・諸葛孔明などが活躍する物語。公式の歴史書である『三国志』と区別するため『演義』と呼び慣らわされている。

＊7　諸葛孔明（一八一～二三四）　諸葛亮。中国、三国時代の蜀の丞相（じょうしょう）。

高野　この本を読んで僕がまず思ったのは、とにかく国家というのはろくでもないものだったということですよね（笑）。一部の支配層が戦争をやって強引に労働力を集めてきて、水田を開発させて、水稲をつくらせていた。稲作っていうのが平地国家を成立させる大きな要素だったという説明になってますよね。

清水　そうですね。

高野　まあ、コメはおいしいし、栄養があるし、水稲だと何年も続けて収穫できるので、いい作物だと一般に考えられているけど、この本だと、もう……。

清水　収奪に都合のいい作物だったということでしょ。

高野　収穫高が計算できるし、もう完全に搾取用の作物だったということになってますよね。

清水　だから、けっしてみんなが水田稲作のほうを向いていたわけじゃないんだということですよね。ゾミアに暮らす人たちは水稲を主体的に選ばなかったんだと。あの地域に水稲耕作[*8]の文明が届いていなかったわけではなくて、彼らは水稲を知っていたけど、放棄したんだと。

孔明は字（あざな）。劉備に「三顧の礼」をもって迎えられ、戦略家として活躍。「天下三分の計」を説き、赤壁の戦いで曹操を破り、劉備を助けて蜀漢を建国。五丈原で司馬懿（しばい）と対陣中に病没した。のちに『三国志演義』の中で超人的な兵略家として描かれた。

＊8　水稲耕作
稲作の一形態で、湛水（たんすい）状態で水稲を栽培すること。アジア・モンスーン地帯の主要な農業形態。他に、陸稲を畑で栽培する畑稲作や、焼畑で栽培する焼畑稲作がある。

高野　そうそう。

清水　日本中世史研究だと、一九八〇年代ぐらいから網野善彦《あみのよしひこ》さ[*9]んが稲作というものの国家的性格を強調してましたけど、それに通じる視点ですね（参考：網野善彦『日本論の視座』小学館）。

それにしても、ここで描かれる国家像って、日本の戦国大名の領国や江戸時代の藩よりもかなり過酷なイメージですよね。

高野　すごく過酷ですよね。民のことを思うとかそういうのがまったくない。

清水　前近代のタイやビルマ（現ミャンマー）では、戦争の目的は人間を拉致してくる奴隷狩りで、ビルマのコンバウン朝初期には、捕虜やその末裔《まつえい》が人口に占める割合が一五〜二五パーセントにも上っていた、と書かれている。奴隷を管理するために刺青《いれずみ》を入れていたという記述までありました。

高野　奴隷に刺青を入れるのは、遊牧民が家畜に焼き印を押すのと同じ発想ですよね。

清水　日本の戦国時代の戦場でも人間の拉致はなくはなかったけど、さらってきた人間が逃げないように刺青を入れるなんてこと

＊9　網野善彦（一九二八〜二〇〇四）
歴史学者。名古屋大学助教授、神奈川大学教授などを歴任。山梨県生まれ。専門は日本中世史、海民史。日本中世の職人や芸能民などに焦点を当て、学界内外に大きな反響をもたらした。著書に『無縁・公界・楽』『異形の王権』（ともに平凡社）など。

＊10　徳川吉宗（一六八四〜一七五一）
江戸幕府第八代将軍（在職一七一六〜四五）。紀州藩主として藩政改革を行い、将軍就任後は享保の改革を主導した。米価の安定に努め、晩年には幕府法の整備を進め、成文法『公事方御定書』上下二巻を編纂した。

はなかったですからね。戦国大名も、よく年貢を納めないで他の領国へ逃げちゃう百姓に頭を悩ませるんですけど、最終的にはあきらめるんです。もうしょうがないって。

高野　日本にも江戸時代は刺青刑がありましたよね。

清水　あれは徳川吉宗[*10]がすごい法律オタクで、中国の明・清の法律書を読んで輸入したんです。それまでは死刑にするほどの罪でなければ、ふつうは耳鼻《みみはな》削《そ》ぎ刑[*11]だったんですが、耳鼻削ぎは残酷だから刺青にしようって。日本にも弥生時代には刺青の習慣があったと「魏《ぎ》志《し》倭人伝《わじんでん》」[*12]に書かれているんですが、古代の段階で一度、完全になくなって、吉宗が復活させるんです（参考：清水克行『耳鼻削ぎの日本史』文春学藝ライブラリー、二〇一九年）。

遊牧や狩猟採集も国家の管理から逃れる生活スタイル？

高野　この本には遊牧民や狩猟採集民のことも書かれてますよね。彼らもまた、国家の管理から逃れやすい生活スタイルなんだ、と。これはソマリランド[*13]でもいつも問題になっていることですけど、

＊11　耳鼻削ぎ刑
耳や鼻を削ぎ落とす身体刑。古代～中世日本では女性や僧侶に対して死罪を減免した刑であったが、元禄～享保期の寛刑化の風潮の中で、次第に適用例は姿を消していく。

＊12　「魏志倭人伝」
中国の正史『三国志』の『魏書』にある東夷伝倭人条の通称。晋の陳寿の著。三世紀前半の邪馬台国の政治・社会・文化や、女王卑弥呼について語る唯一の史料。

＊13　ソマリランド
旧ソマリアから独立した共和国。国際的には国家として承認されていない。高野は自著『謎の独立国家ソマリランド』（集英社文庫、

遊牧民は人口が数えられないんです。どこに何人いるのかはっきりしない。有権者登録も税の徴収もできない。狩猟採集民も同じですね。

清水　だから、政府はどこも移動民を定住化させようとするんですよね。教育のためとか福祉のためなどという大義名分をもって。

高野　そう。移動民は自由民ですね。遊牧民の場合、主食は自分たちでつくれない。ソマリ人[14]も小麦やトウモロコシ粉を食べています。肉は主食にならないですから。

清水　うん。ですよね。

高野　定住する農耕民がいてこそ遊牧民の生活は成り立つ。でも、遊牧民は自分の好きなときに定住民の村や都市にやってきて交易や略奪をするけれど、定住民のつくる国家には属さない。厳しい辺境に暮らす民だけど自由度は大きい。勝手な人たちとも言える。だから、今でもソマリの都市民は田舎の人がトラブルを起こすと「野蛮人」的な意味合いで、「あいつらはノマドだ！」なんて罵倒する。

清水　イスラムの預言者ムハンマドも遊牧民を嫌っていたと書い

二〇一七年）にて現地の状況や歴史を詳しく描いている。

＊14　ソマリ人
アフリカ大陸東端、「アフリカの角」と呼ばれる地域に住む民族。ソマリア、ジブチ、エチオピア、ケニアにまたがって暮らしている。

てありますね。

高野　遊牧民の部族社会、正確に言うなら「氏族社会」ですが、これは国家と相性が悪いと前々から思っていたけど、ゾミア的には当然ですよね。

清水　国家から逃げるためにそういう生活スタイルにしているってことですもんね。

高野　この本では、狩猟採集民が平地民に比べて文明的に遅れているのではなくて、定住農耕を放棄した、なんてびっくりすることも書かれてますね。アマゾンの有名なヤノマミ[*15]なんかもインカ帝国から逃げたんだとか。でも、一部の狩猟採集民には確かに当てはまると思うんですよ。コンゴの密林に住む、かつて「ピグミー[*16]」と呼ばれていた人たちも、遊牧民と同じで主食のイモを自分で生産しない。農耕民の所へ行って狩りで獲った肉とイモを交換するんです。狩猟採集民も遊牧民と同じで食生活は農耕あってのものなんですよ。だからこの人たちの場合、農耕の一段階前にあるとは言えないですよね。

清水　定住民がいて、そことの交易で生活が成り立っている？

＊15　ヤノマミ
ベネズエラ南部、ブラジル北部のオリノコ川流域に居住する。南米で最も伝統文化を色濃く保持している民族の一つであることから、現在に至るまで多くの人類学者やジャーナリストの興味を惹いてきた。

＊16　ピグミー
アフリカのコンゴ盆地（周辺）の森林に住む狩猟採集民。成人男性でも一四〇センチ程度の小柄な人が多い。現在、「ピグミー」は差別用語とされ、バカ（カメルーン）、アカ（中央アフリカ、コンゴ共和国）、ムブティ（コンゴ民主共和国）など、地域ごとによって異なる彼らの自称が用いられる。

高野　そうそう。それと、僕が昔から気になっていたのは鉄器なんです。この本には数行しか記述がないけど、山間部で焼畑地[*17]を開墾する労力は鉄器によって大幅に減ったとありますよね。
　ミャンマーのカチン州を長期取材したジャーナリストの吉田敏浩[*18]さんにこの話をしたら、「特に竹細工は鉄器がないとつくれないでしょう」って言うんですよ。竹はゾミアではすごく重要で、竹だけで家の大部分がつくれるんです。釘《くぎ》を打ったりしないで。竹の皮でつくった紐《ひも》で竹の棒を結うんですよ。
清水　山の中で鉄器は製造できないし、竹細工を作るにしても斧《おの》や鉈《なた》を持っていないと山奥では暮らせないと。
高野　ありえなくはないけども、ケタ違いに難しいんですよね。だから、彼らは平地の農耕民から鍬《くわ》や刃物を買っているわけです。鉄を使う文明自体との接点があったから、焼畑民はジャングルに入っていけたということですね。
清水　ゾミアも自己完結している世界ではないんですね。
高野　ないんです、そうそう。
清水　鉄器というと農具のことばっかり考えてしまいがちだけど、

＊17　焼畑地
山間部の草地・林地などで、林や雑草を焼き、その焼け跡にソバ、大豆、アワ、ヒエ、稲などを栽培する畑。地力が衰えると放置し、十数年後再び焼畑として用いる。

＊18　吉田敏浩（一九五七〜）
ジャーナリスト。大分県生まれ。明治大学時代は探検部に所属。『森の回廊』（日本放送出版協会）で一九九六年、大宅壮一ノンフィクション賞を受賞。

山で暮らすためには斧がないといけない。日本のサンカ[*19]やマタギ[*20]が完全に里から離れていたわけじゃなくて、沈黙交易みたいなかたちで毛皮などと里の物資を交換して山の中で暮らしていたのと似ていますね。

高野　さっきお話ししたピグミーもナイフや山刀を持っているわけですね。刃物がないと、ジャングルの中では生活するのは厳しいわけです。そういう点からも、彼らは農耕の前段階にあって原始的な生活を送っているとは考えにくいですよね。要するに文明から逃げてきた人たちが、農耕民の支配が及ばない森の奥深くに入っていったんじゃないか。そう考える人もいるし、僕なんかも、ほんとそう思うんですよ。

清水　ちなみに日本の中世では、山の民の身分標識[*21]は斧や鎌なんですよ。

高野　そうなんですか。

清水　ええ。たとえばAという村の人がBという村の山に入って、勝手にきこりをすると、B村の村人に拘束されるんですけど、そのときどうされるかというと、鎌を取り上げられちゃうんです。

＊19　サンカ（山窩）
定住生活をせず、山奥や河原などを移動して暮らしたとされる漂泊の民。柳田國男の研究や三角寛の小説で知られるが、その実態は不確定な部分が多く、イメージが独り歩きしている点も多い。

＊20　マタギ
北海道から東北地方の山間に住む猟師。狩猟中は山言葉を使い、古来の伝統に従って生活する。その特色は一九六〇年代になって急速に失われた。

＊21　身分標識
身分を表す服装や所持品などの指標。

B村では、捕まえた人間の身柄はA村に返すんですけど、後で裁判になったときのために鎌を身代《みのしろ》として確保しておく（参考：藤木久志「村落の平和＝喧嘩《けんか》停止令」『豊臣平和令と戦国社会』東京大学出版会）。

高野　IDカードとか免許証を取り上げちゃうようなもんですね。

清水　そうそう。B村の山に立ち入った事実はこの斧や鎌が何より証明しているっていうふうに。そういう山の作法があるのは、なるほど、確かに斧や鎌を持っていないと山に入れなかったからなんでしょうね。生業の道具を差し押さえるという即物的な意味もあるんでしょうけど、それ以上にもうちょっとシンボリックな意味が鉄器には込められているんでしょうね。

日本のゾミアはどこにあったのか

高野　日本の中世の場合は、戦争はやはり土地をめぐる争いですか。

清水　日本では、中世のある段階で田畑の開発が飽和状態になっ

＊22　伊達氏
鎌倉～江戸時代の陸奥国に勢力をもった武士の一族。一一八九年の奥州合戦以降、陸奥国伊達郡を領有し、戦国時代には稙宗（たねむね）の代に戦国大名化する。稙宗の曽孫政宗の代になって豊臣政権・江戸幕府下の

たんですよね。そうすると、土地をめぐる争いが起きて戦争になる。

でも、東北の戦国大名の伊達氏[*22]の分国法[*23]である『塵芥集《じんかいしゅう》』[*24]を見ると、「下人」という奴隷の規定がやたらと多いんですよ。下人が逃げて他所《よそ》の土地に住んで、そこの領主と下人の身柄をめぐってトラブルになった場合はどう処理するかというようなルールがいろいろ書かれているんです。中央の畿内なんかでは、土地の線引きをどうするかが争いの焦点になるんだけど、東北では土地に投下する労働力の取り合いが争いの原因になっていた。それは、たぶん当時の東北が未開発地の多いフロンティアだったからなんですよね。だから土地は争いの対象にはあまりならなくて、その土地に投下する労働力のほうが問題になってくるのかなと思ったことがあるんですよね（参考：桜井英治・清水克行『戦国法の読み方』高志書院、二〇一四年）。日本の中世では東北がゾミアに近かったのかもしれない、イメージとしては。

あと、日本の古代・中世の記録の中には「奥郡」という呼び名が出てくるんです。武蔵国《むさしのくに》（東京都・埼玉県と神奈川県の一部）

大名となり、仙台藩六二万石の藩主となった。

＊23　分国法
戦国大名が領国を統治するために制定した法典。今川氏の「今川かな目録」や武田氏の「甲州法度之次第」など、現在、一〇点前後の存在が確認されている。戦国大名の家臣統制、領国支配を考える際の重要史料とされている。

＊24　『塵芥集』
陸奥の戦国大名伊達稙宗が一五三六年に制定した分国法。全一七一条。現存する分国法中最大の条文数をもち、刑法関係の規定が充実している。本法典の内容分析をした対談本として、桜井英治・清水克行『戦国法の読み方』がある。

とか出羽国《でわのくに》（秋田・山形県）の中に、ふつうは豊島《としま》郡とか仙北《せんぼく》郡という固有名詞のつく地域があるんですけど、そういうのとは別に奥郡と呼ばれるエリアがあって、そこで山賊が暴れ回っているとか、そういう言い方をしていて。この奥郡というのは、特定の郡を指しているんじゃなくて、どうも当時の辺境地域のことを漠然と指していた言葉らしいんです（参考：鈴木國弘「鎌倉幕府『守護』設置の目的――『奥郡』と『陸奥所』の検討を通して」、日本大学史学会編『史叢』七六号）。

高野　奥地？

清水　そういうイメージで語られているんです。ただし、それは都から見て遠いほど奥っていうわけではなくて、武蔵国なら武蔵国の国府《こくふ》*25から離れている辺境。地方政府の拠点から見て端っこのほうを奥郡と呼んでいて、そこにやっぱり変な人が逃げ込んだりしてきて、いろんな矛盾が蓄積される。ゾミアのスケールと同じかどうかはわからないんですけど、日本にもそういう場所はなくはなかったんでしょうね。

高野　古代の東北には「奥六郡《おくろくぐん》」*26とかってありましたよね。

＊25　国府
奈良時代から平安時代に国ごとに置かれた役所。また、その所在地。国司が政務・儀礼を行う国衙（国庁）、役所群、倉庫群、国司館からなる。旧所在地は、現在も府中・国府などの地名をとどめている。

＊26　奥六郡
平安中期以降、陸奥国中部六郡の通称。胆沢・江刺・和賀・稗貫・志波・岩手の六郡をさす。一一世紀半ばには安倍氏、ついで出羽清原氏がこの地を支配し、のちに奥州藤原氏に引き継がれた。

＊27　蝦夷
古代東北に住み、中央と異なる生活文化を有し、中央政府に服属しなかった集団。

清水　あれもまさにそうですね。本当はそれぞれ正式な郡の名称があるんですけど、当時は怪しい辺境地帯という意味で、東北の未開の地をひっくるめて、そう呼んだんです。

高野　それは蝦夷《えぞ》*27の土地ですよね。ただ、蝦夷というのはアイヌ民族*28とイコールではなくて、朝廷に従わない人々の総称だったと。

清水　ええ、そう言われていますね。ストレートにはアイヌにつながらない。一四世紀の中頃に書かれた『諏訪大明神画詞《えことば》』*29という物語を見ていても、内地の人たちは蝦夷のことを「日《ひ》の本《もと》」「唐子《からこ》」「渡党《わたりとう》」*30という三集団からなっていると書いているんですよね。「蝦夷」といっても特定の民族をさすわけではなく、さらにその中に部族的なものがあって、それぞれグラデーションがある。

高野　そのうちの一部はアイヌになったかもしれないけど。

清水　和人との混血もありうるし、蝦夷はもっとファジーな総称だった。

高野　で、朝廷の支配に屈した人たちは、「俘囚《ふしゅう》」*31と呼ばれるようになったんですよね。

中央政府からは異民族視されたが、人種・民族については必ずしも明確ではない。読みは古代は「えみし」であったが、中世には「えぞ」が一般化してゆく。近世以降はしだいに北海道のアイヌ民族をさすようになる。

＊28　アイヌ民族
北海道・樺太・千島列島・カムチャッカ・本州北部に居住していた先住民族。古くは狩猟や漁撈・採集を主とする生活を行い、アイヌ語、ユーカラ（口承詩）、イオマンテ（熊祭）など独自の文化をもっていた。近世以降は松前藩の支配と搾取をうけ、近代以降は政府の同化政策によって固有の文化が多く失われ、人口も激減していった。

これは中国のミャオなんかと似ていると思うんです。『ゾミア』には、中国の辺境で漢民族の王朝に反抗し続けたミャオみたいな人たちは「生」、その中でも、ある程度文明化した人たちは「熟」と呼ばれたとありますけど、「熟」は「俘囚」と一致しますよね。

清水　あー、それを言うなら、飛鳥時代から日本の蝦夷は三種類に分かれていて、一番奥にいるのが「都加留《つがる》」、つぎが「麁蝦夷《あらえみし》」、一番近くにいるのを「熟蝦夷《にきえみし》」と呼んでいますよ（『日本書紀』斉明天皇五年七月条）。どっちも文明化を「熟」で表現するのが面白いですね。

ところで、中国の万里の長城[*32]というのは、ミャオのほうにもあるんでしょ。

高野　この前、見に行ってきたんですよ。「南方長城」[*33]って言われているんですけど。

清水　いつ頃つくった長城なんですか。やっぱり明[*34]の時代ですか。

高野　明の時代です。

清水　一般に万里の長城というのは、北方民族が入ってこないようにディフェンスするためにつくったと言われているけれども、

＊29『諏訪大明神画詞』
長野県の諏訪大社の縁起を記した絵巻物。一三五六年成立。作者は諏訪円忠。原本は散失し、詞書部分の写本が伝わる。諏訪大社の霊験のみならず、鎌倉・南北朝期の宗教・社会思想の史料として注目されている。

＊30「日の本」「唐子」「渡党」
『諏訪大明神画詞』に見える、中世の北海道地域の住民をさす三類型。「日の本」「唐子」は和人と姿を異にし、言語も通じず、肉食で農耕を行わない。「渡党」は全身が毛髪で覆われているが、和人に似て言語もおおむね通じ、津軽で交易を行う、という。

そうじゃなくて……。

高野　逃げないようにするためでもある（笑）。

清水　ミャオの人たちなんかが攻めてこないようにするためじゃなくて、漢民族側の民衆が辺境に逃げないようにしている？

高野　たぶん両方だと思うんですよ、僕の感触だと。

清水　つくりは同じなんですか、北方と。

高野　僕は北方を実際に見たことがないんですけど、写真や映像を見る限りはそっくりですよ。

清水　あんなしっかりしたものなんですか。

高野　崩落している部分が多いんで、今、中国政府が一部修復して観光地にしてるんですけどね。でも、そんなに高い城壁ではないし、越えようと思えば越えられるわけですよ。

清水　それでも、やっぱりあるのとないのでは大違い？

高野　もちろんそうです。あれば、城壁を越える行為は目立つし、罰則も設けやすい。なかったら単に山だから、勝手に行き来できますからね。ミャオの人たちが様子をうかがいに山から下りてくることもできるし、街側に住んでいるミャオたちが、税金を払い

＊31　俘囚
古代、律令国家に服属した東北地方の蝦夷に対する呼称。律令政府は懐柔と弾圧に努めたが、俘囚の反乱は絶えなかった。

＊32　万里の長城
匈奴からの防衛のために中国北辺に築かれた長大な城壁。春秋戦国時代の諸国が築いた城壁をもとに秦の始皇帝が構築した。現存する長城はさらに明代に整備されたもの。長さは現存部分だけでも六〇〇〇キロ以上とされる。

＊33　南方長城
明代に、現在の湖南省から貴州省にかけて建設された城壁。全長は明らかではないが、一九〇キロほどだと言われている。二〇〇〇年

たくないからって山のほうに逃げちゃうということも簡単ですよね。あと、もし城壁があれば、馬、牛、ロバといった家畜を連れて越えるのが不可能ですね。

清水　なるほど。逆に城壁がなかったら、相当逃げていたということですよね。

高野　南方長城を見て、面白いなと思ったのは、あれだけ固定した境界線をつくると、明のほうも自分たちはもうそれ以上、山側には行かないと宣言したことになりますよね。

清水　自分たちの領土を可視化する目的もあったんでしょう。とりあえずここまでっていう線を引いて。

高野　もうここまででいいんだ、山側は興味がないということですよね。だから、明が一方的に線を引いたというよりも、なんというか、長城によって街側と山側の棲《す》み分けがなされていたんだという感じもしましたね。

清水　それはあるでしょうね。

高野　『ゾミア』を読んで、僕は日本はやっぱり小さい国なんだなと思ったんですよ。前近代の東南アジア大陸部では、権力の支

四月に初めて公式に確認され、北方の「万里の長城」に似ていることから「南方長城」と名付けられた。

＊34　明（一三六八～一六四四）
中国で朱元璋（しゅげんしょう）（洪武帝）が元を倒して建てた漢民族王朝。三代永楽帝のときに首都を北京に定め、南海諸国を支配下に収め、最大版図を手に入れた。中期以降は北方民族の圧迫と倭寇に苦しめられ、李自成により滅ぼされた。

＊35　『水滸伝』
明代に書かれた中国の長編通俗小説。作者不明。宋の徽宗帝（きそうてい）の時代、山東省の梁山泊に集った宋江ら一〇八人の豪傑の

配が及ぶのは徒歩五日で行ける圏内だったと書いてありますけど、日本で徒歩五日もかかる場所なんて、ないんじゃないかなって。山の上のほうにいても、一日、二日で里に下りてこられちゃうわけですよ。

清水　確かに、どんなところでも二日も歩けば、向こう側の里に着いてしまいますよね。

高野　日本の国土の約七〇パーセントが山だといっても、山岳のスケールがぜんぜん違う。

清水　日本には標高の高い山はあるけど、そんなに奥行きがないんですよね。

　この本の中には、権力を避ける人たちが山間部ではなく、低湿地に逃げ込むという話も出てきたじゃないですか。中国の『水滸《すいこ》伝《でん》』*35なんかを例に挙げて。

高野　イラン・イラク国境にあったシャットゥルアラブ川の沼沢地帯*36のことも書いてありましたね。サダム・フセイン*37がこの地域を支配するために湿地を排水し、破壊したって。

清水　日本の中世の場合も、山間部ではなく、支配から逃れよう

武勇伝。『三国志演義』『西遊記』『金瓶梅』と並ぶ中国四大奇書の一つ。

＊36　シャットゥルアラブ川の沼沢地帯
イラク南部、チグリス川とユーフラテス川の合流点周辺に広がる湿地帯。メソポタミア文明発祥の地だが、時代が下ると、戦争や政争に敗れた者や犯罪者、反体制勢力、迫害を受けたマイノリティたちが逃げ込む場所となった。反政府勢力を根絶やしにするため、サダム・フセインが上流の水を堰き止め、二〇〇〇年頃は大部分が干上がってしまったが、二〇〇三年のアメリ*37カによるイラク侵攻後は、堰が壊され、湿地帯は半分ぐらい回復している。

とする人は、どちらかというと低湿地に逃げ込むんですね。戦国時代の一向一揆《いっこういっき》*38は、「川内」と書いて「せんだい」とか「かわうち」と読んだりする河川のデルタ地帯に拠点をつくって、ネットワークでつながってたんですよ。一向宗の教団って面的に領土をもっていなくて、石山本願寺は淀川の河口にあったし、長島の一向一揆は木曽川、揖斐川《いびがわ》、長良川の河口付近ですよね。ああいう低湿地は農地には向かないんだけど、教団が技術を投入して水田を開発して、交易でも富を蓄積して、そこに堅気じゃない人たちも流れ込んできて小宇宙をつくったんです（参考：井上鋭夫『一向一揆の研究』吉川弘文館）。

　ゾミアの民族たちは独特の千年王国思想*39を生み出したじゃないですか。一向一揆の阿弥陀《あみだ》信仰もそれにちょっと似ているんですよね。アナーキーな人たちの熱狂的な新興宗教でもあったので。

高野　一種のメシア信仰ですね。

ワ人はワ人ではなく、倭人は倭人ではない

＊37　サダム・フセイン（一九三七～二〇〇六）
イラクの元大統領。一九七九年から二四年間にわたり、独裁体制を維持したが、二〇〇三年、米軍の侵攻により政権が崩壊し、逮捕され二〇〇六年に処刑された。

＊38　一向一揆
室町～戦国時代に浄土真宗本願寺教団の僧侶と門徒が起こした宗教一揆。戦国大名の支配に抵抗し、織田信長の全国統一にも最後まで抵抗した。その基盤には一般農民だけでなく山の民・川の民と呼ばれる非農業民も多くいたとされる。

＊39　千年王国思想
すべての苦難が除去され、最終的で完全な救済が信者全体に一挙にもたらされる

高野　この本にはミャンマーのシャン州のことがよく出てくるじゃないですか。
清水　頻度が高いです。
高野　シャン州はゾミアの核心部で、その州内州のワ州という僕が以前住み込んでいた所は、ほんとに国家の管理下に入ったことがないんですね。ワというのはもともと首狩り*40をやっていた人たちで、周りの民族は危険視して近づかなかったんですよ。今はミャンマーの一部ということになってはいるんだけれども、ワ州連合軍という武装勢力がずっと支配していて、僕が行ったのは二〇年も前なんですけど、当時と同じリーダーが今も総司令官として君臨しているんです。すごいんですよ。YouTubeで軍事パレードの様子が動画で見られるんですけど、ものすごいの。
清水　近代軍隊になっているんですか。
高野　なっているんです。アウン・サン・スー・チー*41が政権を取ったものの、これからどうするんだろうかという、ほんとに大変な所なんです。
　で、そのワ州なんですけど、実は仕切っているのは中国語をし

ことを信じる宗教思想。多くの場合、超自然的な力をもった救世主の出現が予言される。

＊40　首狩り
ワ族は一九三〇～四〇年頃まで首狩りを行っていたとされる。これは人間の首を守護霊に捧げ、作物の豊穣、村落の安寧を祈るという精霊信仰に基づいていた。

＊41　アウン・サン・スー・チー（一九四五～）
ミャンマーの政治家。軍事政権の弾圧を受け、通算一四年以上自宅に軟禁された。二〇一五年に選挙で大勝し、事実上のアウン・サン・スー・チー政権を樹立。近年はロヒンギャ迫害問題で国際的に苦境に立たされている。

ゃべる人たちなんですよ。中国から来た漢民族とか、中国から来たワ人や他の少数民族がワ州を動かしている。軍事的にも、あとアヘンやアンフェタミン*42を生産したりして。

清水　中国のならず者的な人たちが流れてきて？

高野　ならず者だったり商売人だったり、あとは中国の地方政府とのコネをもっている人とかが集まってきて、勝手に州*43を運営しているんですよ。彼らは事実上、中国の国籍から離脱しているんですよね。

清水　じゃあ、何か中国政府の意向に沿った動きをしたりとかは？

高野　ないんです。国家の枠組みから外れていて、彼ら自身は「自分たちはワの人間」だって名乗るわけですが、民族としてのワではない。

清水　自称と民族名が一致していない。

高野　そうそう。本当のワ人はワ州にいてワ語を話す人たちなんだけども、今のワ州では中国語が共通語なんです。ワ人の中でも上層部に食い込んでいる人たちは、みんな中国語を話せる。

＊42　アンフェタミン
覚醒アミンの一種で強い中枢神経興奮作用をもつ。いわゆる「覚醒剤」の主要成分。

＊43　州
公式にはミャンマー・シャン州の一部だが、実効支配するワ州連合軍は「国家」もしくは「州」を自任している。

清水　そういう特徴があるんですね、ゾミア的な所には。
高野　もう一つ、シャン州とタイの国境地帯、正確にはタイ側ですが、メーサロンという地域があって、そこもゾミア的ですね。もともと共産党軍との内戦に敗れた国民党[*44]軍の残党がシャン州経由でやってきたという場所なんです。そこには中国系なんだけど無国籍で苗字《みょうじ》もわからないって人がいるみたいですね。
清水　誰かに問いただされたときに、ルーツがばれないように？
高野　最初はそうだったんでしょうけど、親世代からいろんな偽名を使っているうちに、本当の姓がわからなくなってしまったというケースもあるらしいです。
　メーサロンには僕も一〇年ぐらい前に行ったことがあって、そこで人探しをしたんですけども、無国籍の人がうじゃうじゃいるんですよ。民族名もよくわからないとかね。
清水　とぼけているんじゃなくて？
高野　とぼけているんじゃなくて。民族といっても、たとえばお父さんが漢民族で、お母さんがシャンだったりとか、お父さんはシャンと漢民族のハーフで、お母さんはアカとラフ[*45]のハーフだっ

＊44　国民党
一九一九年に孫文が結党した中国の政党。二八年、蒋介石が南京を首都とする政権を樹立。第二次世界大戦後は、毛沢東率いる共産党と戦ったが敗れ、蒋介石らは台湾に逃れたが、一部の残党はビルマ（ミャンマー）・シャン州に侵攻、大陸反攻をうかがいつつ、ケシ栽培とアヘンの生産を始め、この周辺が麻薬地帯として名を馳せるさきがけとなった。

＊45　アカ／ラフ
ともに中国、ラオス、ミャンマー、タイの山岳地帯に住む民族。中国南部から戦乱や迫害を逃れて、南下してきた。

たりとかするわけですよ。そうすると、民族名を聞かれても、よくわからないよ、みたいなことになる。言葉だって、三つ四つしゃべれたりする人がふつうにいるし。

清水　民族の定義とか、民族的なアイデンティティというものを揺るがす存在ですね。

高野　メーサロンには元紅衛兵*46の人もいましたね。中国共産党と国民党の対立はとっくになくなっているから脅威はもうないし、そうすると、中国から来た人たちが住んでいる街だという理由で中国から人が入ってきちゃうんです。

清水　それで元国民党と元紅衛兵が一緒に？

高野　そう。一緒に暮らしていて、お互いに何とも思ってない。元紅衛兵の人も聞かれなければ、過去のことを言う必要はないわけだし。もはやイデオロギー的アイデンティティもなくて、ふつうに生活している。そういう吹き溜《だ》まりになっているわけですよ。

清水　面白いですね。

高野　一つ思い出したんですけど、日本の中世には海賊がいたじ

＊46　紅衛兵
一九六六年、中国で毛沢東の指示の下でつくられ、文化大革命初期に活動した青少年の組織。知識人など膨大な数の人々を弾圧、迫害し、多数の人の虐殺に関与したともされる。

ゃないですか。ああいうのはゾミア的じゃないんですか。

清水　ああ、そういえば、そうですね。東シナ海を荒らしまわっていた倭寇《わこう》＊47については、『朝鮮王朝実録』という朝鮮側の記録に詳細な記述があるんですが、そこには彼らのことを「倭人」と書いてあるんですよ。で、それとは別に「日本人」という記述も見える。だから、この「倭人」というのは単純に「日本人」とイコールではなくて、「倭人」としか言いようのない別個の海洋民集団だったのではないか、中国人や朝鮮人や日本人がごっちゃになったマージナルな集団の総称だったのではないかと、歴史学者の村井章介さん（東京大学名誉教授）は述べています（参考：村井章介『中世倭人伝』岩波新書）。特に後期の倭寇は日本人が少なくなって、七割ぐらいは中国人だったと言われています。

高野　ミャンマーのワ人と同じで、倭人は必ずしも倭人ではない（笑）。

清水　そうそう。

高野　海賊というのも、海の上だけにいたわけではなくて、陸地とつながっていたんでしょ。

＊47　倭寇
鎌倉末～戦国期に東シナ海沿岸で略奪行為や密貿易を行った海賊・商人団に対する朝鮮・中国側の呼称。前期（一四世紀）には九州・瀬戸内の漁民が主体だったが、後期（一六世紀）には多くが中国人で占められた。

清水　家船《えぶね》[*48]みたいに始終海の上で暮らしている人もいたでしょうけど、多くの場合は最寄りの港が拠点なんですよね。豊臣秀吉が天下統一する過程で海賊禁止令[*49]を出すんですけど、そのときも海賊のベースキャンプになっている停泊地を摘発するんです。そこしか取り締まりようがなかったんでしょうけど。海賊が暴れたら、港の人間を連帯責任で捕まえようとしてますね（参考：藤木久志「海の平和＝海賊停止令」『豊臣平和令と戦国社会』東京大学出版会）。

高野　だいたい海賊にだって家族はいますよね。女・子どもは海賊行為には参加しないわけでしょ。

清水　そうですね。家族までは連れていかれない。

高野　そうしたら、ベースキャンプが必要ですもんね。

清水　おまけに、彼らは船に馬まで載せるんですよ。

高野　下りた先で乗るんですか。

清水　着岸したら、そこから馬に乗って攻めていく。

高野　フェリーみたいですね。

清水　だけど、どれだけの馬を載せたんだろうと思いますけどね。

＊48　家船
陸上に住居を持たず、一家で船上生活を送る漂泊の漁業民。中国・台湾・東南アジアには古くから見られたが、わが国でも長崎県沿岸や五島列島、瀬戸内海に多く見られた。

＊49　海賊禁止令
海賊停止令。一五八八年、海賊行為の取り締まりを命じた豊臣秀吉の法令。豊臣政権は私的な実力行使の包括的禁止を目的として、いくつかの重要な法令を発したが、本法もその一環。

船もどれぐらいの大きさだったのか。

高野　僕もカヌーを漕《こ》いで旅をしたとき、自転車があったらなあって思いました。

清水　ああ、下りた先で便利だから？

高野　そうそう。

清水　倭寇はそれをやっていたんですよ。場合によっては、行った先で馬を略奪して船に載せて、また別の場所で使うということもできますよね。

高野　倭寇にも国家に束縛されたくないという気持ちはあったんですか？　税金や賦役《ふえき》*50が嫌だとか。

清水　あったと思います。それと、中国の王朝が海禁政策*51を敷いていましたから、当時は民間貿易って違法なかたちでしかやりようがなくて。そうすると、摘発されたときのリスクを考えて武装してなくちゃいけなくて、結果的に陸地の側から海賊というレッテルを貼られちゃったんでしょうね。

＊50　賦役
地租と労働奉仕。特に支配者への労働奉仕をさす。

＊51　海禁政策
明・清朝が治安維持と密貿易取り締まりを目的に行った鎖国政策。民間の海外渡航や貿易は禁じられ、冊封国との朝貢貿易だけが許された。

輸送と移動のリアリティ

清水　僕がこの本を読んで面白いなと思ったのは、輸送の話なんです。平地だったら牛車や大八車で物を輸送できるけど、ある標高以上の場所になると、人が背負子《しょいこ》で運ぶしかない。だから、そういう所までは権力が及びにくいというのは非常に説得力のある話ですね。われわれはそういう山間生活のリアリティをけっこう忘れてますよね。

高野　ミャンマー領内の西南シルクロード[*52]を旅したときカチン独立軍[*53]という反政府ゲリラと一緒に行ったんですけど、地元の人に荷物を運んでもらうわけですよ。ところが、人が一人増えたり、工程が一日延びたりすると、必要な労働力がとんでもなく膨らんでいくんです。運ぶ人の分の食料も運ばなきゃいけないから。僕らは五、六人なのに、結局二〇人ぐらいで荷物を運ぶ大キャラバンになっちゃう。ああいう所を何日もかけて歩くというのは、すごく大変なことなんです。

＊52　西南シルクロード　知られざるもう一つのシルクロード。中国四川省の成都を出発点とし、ミャンマー北部を通ってインドに抜け、そのまま西へ進んでアフガニスタンに達する。高野は二〇〇二年に西南シルクロードを陸路でインドまで踏破した。詳しくは『西南シルクロードは密林に消える』（講談社文庫、二〇〇九年）を参照。

＊53　カチン独立軍　ミャンマー北部カチン州に住むカチン族による反政府ゲリラ。推定兵力五〇〇〇人。カチン州の山岳部の広い地域を実効支配している。二〇一一年より政府軍との戦闘が激しくなる。この戦闘や政府軍の弾圧により、カチンの民間人は数万人単

清水　まして軍隊の移動はもっと大変ですよね。戦争はいつ終わるかわからないし。
　この本の中では、中国には「穀物は千里（四一五キロメートル）を越えて売りに行くべからず」という古いことわざもあると書かれていましたね。需要があるからといって、千里以上離れた遠方に物を持っていって売っても、コストがかかりすぎて、もうけが出ないということなんでしょうね。
高野　ゾミアの山間部では雨季になると、道がぐちゃぐちゃになって、車ではどうにもならないし。
清水　ぬかるんだ轍《わだち》に車輪がはまりますからね。
　日本には、お祭りのときに神輿《みこし》を出す地域と山車《だし》を出す地域があって、基本的に神輿を出すのは山間部の農村で、山車を出すのは平野部の都会なんだと教わったことがあります。山車って車輪で動かしますから、山間部では出せない。山車が出るのは、京都の祇園祭とか飛騨《ひだ》高山《たかやま》の高山祭とか都市部なんですよ。
高野　山車が出るお祭りのほうが少ないんですね。
清水　そうですよね。日本の農村はだいたい傾斜がある場所につ

位で難民もしくは国内避難民と化しており、ロヒンギャ弾圧と並んでミャンマーで最も切迫した問題となっている。

くられるんで、多くの地域は神輿の文化なんですよ。山車が出る地域はむしろ特殊なんでしょうね。車輪で物を動かすのは便利なように思えるけど、実はどこでもできることではない。

高野　よっぽどの街でないと無理ですよね。

清水　室町時代に「車借《しゃしゃく》」と「馬借《ばしゃく》」*54が運送業者として活躍したって、歴史の教科書に出てきますけど、実際には車借の史料ってほとんどないんですよ。車借というのは牛に車を引っ張らせるんですけど、瀬戸内からの荷物が揚がる淀と京都の間を往復する場面ぐらいにしか史料上は確認できないんです。車の移動が可能な平らな場所はそれぐらい限られていて、輸送のほとんどは馬に背負わせる馬借なんです。でも馬だって、山中を移動するとなると限界がありますし。

そういえば、高野さんは西南シルクロードでゾウに乗って移動したんですよね。

高野　ほんの二、三日だけです。ゾウはけっして効率のいい家畜ではないんですよ。

清水　どういうところが?

＊54　車借・馬借
鎌倉〜室町時代の運送業者。馬借は馬の背に物資を載せ、車借は荷車を牛に引かせて物資を運ぶ。京都周辺では、馬借は近江の大津・坂本、山城の木津、車借は山城の鳥羽が有名。

高野　まず野生のゾウを捕まえてこなきゃいけない。

清水　人工的に繁殖させるのは難しいんですね。

高野　繁殖は難しいし、時間もかかる。

清水　飼うのも牛馬のようにはいかない？

高野　飼うのもすごく大変。巨大だし頭もいいし。

清水　運送用に使うためには調教もしないとダメでしょ。どっか行っちゃうと困るから。

高野　それに、ものすごくたくさんのものを運べるかっていうと、そうでもないんですよ。

清水　そうなんですか。

高野　平らな道で比べたら、牛馬のほうがたくさん運べるんですよね、ゾウ一頭より。

清水　背中にくくりつけてもダメですか。

高野　背中にかごをつけても、たいしたもんじゃないですよ。人なら三、四人が乗れるぐらいで。穀物もある程度は運べますけど、それでも大八車一台分もないんじゃないかな。だから、ゾウを輸送の主力として考えるのは無理がありますよね。現地ではふつう、切り出した木材をゾウに鎖で引っぱらせてますね。

リーダーを生まず、文字を捨てるという知恵

清水　ゾミアの人々は、国家の介入を避けるためにリーダーをわざとつくらなかったという話も出てきましたよね。従来は、未開な段階では原始共産制[*55]が残っているから、突出したリーダーは出てこない、人々の集団が組織化するにつれてリーダーが自然発生的に現れ、権力関係が生まれてくる、というふうに理解されていたけど。

それで思い出したのが、小学校の級長や学級委員（笑）。担任の先生から「君たちで決めなさい」と言われるけど、子どもたちはみんな押しつけ合う。それは子どもたちが未熟だからだろうと思っていたけど、よく考えてみたら、級長がいると一番便利なのは先生なんですよね。級長に指示することでクラスの管理が行き届くから。小学生たちは級長を選ぶことで面倒くさいことが起こると肌で感じているんで、みんなで押しつけ合ったりして、選ば

＊55　原始共産制　階級分化がなされる以前の原始社会に存在したと推定される社会体制。生産手段が共有され、共同で生産・分配・消費活動を行う。マルクスとエンゲルスによって提唱された概念。

ない方向にもっていこうとしているのかなと思ったんですよね。

高野　わざと、ぜんぜん人望のない子を選んだり、とかってこともありましたよね。

清水　中国史の専門家に聞いたことがあるんですが、昔の中国の共同体では、徴税は村長の役割だったんですけど、村人たちは往々にして村の中で弱い立場の人に村長の仕事を押しつけちゃって、その人はあくせくして税を集めて回るんです。払わない家があったりすると、泣く泣く自分で立て替えたりしながら。

高野　それは嫌ですね（笑）。

清水　強大な権力の支配から逃れるために、あえて「窓口」をつくらない、というのは支配される側の一種の知恵ですね。

あと、文字をもたないのもゾミアの知恵であり戦略だったとありますよね。昔は文字を使っていたけど、平地から逃げていくときに捨てたという話が複数の民族の伝承として残っているという。あのくだりは伝承の活用の仕方として面白いと思いました。低地から逃げていく途中で水牛の皮でできた本を食べてしまったために文字を失ったとか、文字が刻まれた餅を食べてしまったから文字を失ったとか。そういう不思議な伝承が複数の民族にあって、それらをもとに彼らは文字を知っていたけれども逃避していく中で捨てたんだと著者は解釈している。一見、荒唐無稽でも、似たような話がいくつもあるんだったら、何かを反映しているんじゃないかというふうに推論している。これはうまいやり方だなと思いましたよ。

高野 かつては集団の中に中国語の読み書きができるバイリンガルがいたけれども、山のほうに逃げていく過程で、だんだんそういう人がいなくなったということなんでしょうね。

清水 そこから、平地の文明国家とのコミュニケーションツールをわざと捨てたという伝承が生まれたわけですか。

高野 中国から東南アジアに移動してきたヤオ[*56]という民族は今でも漢字を使うんですよ、儀式のとき。

清水 意味はわかっているんですか。

高野 儀式を執り行う司祭だけはわかるらしいんですよ。だから日本人にとっての梵字《ぼんじ》[*57]みたいなもんですかね。

清水 ああ、サンスクリット語。意味はわからないけど、ありが

＊56 ヤオ
ベトナム、タイ、ラオス、ミャンマー、中国南部に居住する民族。ミャオと近縁関係にあるとされる。

＊57 梵字
梵語すなわちサンスクリット語を著すのに用いる文字。日本では墓の卒塔婆（そとうば）などに記されている。

たい文字。

高野　そう、梵字的に残っている。

清水　日本では中世を経て、近世の幕藩体制*58が非常にシステマティックにできあがっていきますよね。たとえば村請《むらうけ》といって、村単位で年貢が納められるようになっていくんですが、そういうことが可能だったのは、人々の識字率が高かったからなんです。村の中で最低一人、庄屋さんぐらいは文字の読み書きができないと、年貢の帳簿をつけたり役人と連絡をとったりすることができないですからね。だから、幕藩制国家が成立したのは、それ以前の室町・戦国時代に庶民の間でも識字能力がある程度高まっていて、読み書きができる層が広がっていたからじゃないか、というのが戦国時代史の研究者、勝俣鎮夫《かつまたしずお》さん*59（東京大学名誉教授）の説です（参考：勝俣鎮夫『戦国時代論』岩波書店）。

高野　なんで人々の間で識字率がそんなに上がっていったんですか。

清水　室町時代ぐらいから、農民が自分たちの村の歴史を書き始めるんですよね。それは、一つには村同士の争いが起きて裁判に

＊58　幕藩体制
江戸時代の支配体制。江戸幕府（将軍）を中心とし諸藩（大名）が本百姓を基礎にした封建支配を行う。

＊59　勝俣鎮夫（一九三四〜）
歴史学者。東京大学名誉教授。東京生まれ。専門は日本中世史。戦国時代研究の第一人者。法制史料をもとに当時の人々の心性に迫る独創的な研究を発表した。著書に『戦国法成立史論』（東京大学出版会）、『一揆』（岩波新書）、『戦国時代論』（岩波書店）など。

なったときの法廷戦術のためで、隣の村と抗争状態になったときに、たとえば、あの山はもともとうちの村のものなんだというような書きつけを持っていれば有利に働くんです。それは、裁判権をもつ上位権力があったからなんですが。

高野　つまり訴え出る先としてのお上があったから、記録が役に立つわけですね。

この本を読んで感銘を受けたところでもあるんですけど、僕はゾミアの人たちにとって歴史はそんなに重要じゃなかったと思うんです。彼らは移動するから土地の奪い合いは起きないし、土地の権利を主張する手段も必要もない。

清水　そうか、伝統や先例の中で生きるということになると、文字って大事になってくるんですよね。でも、社会全体の変化があまりに激しい場合は必要ない。

高野　むしろ、逃げてきた人たちにとっては記録を残さないことのほうが大事なのかもしれない。姓がわからなくなったメーサロンの人たちみたいに。

清水　文字があると、顔を合わせない相手との間で契約を結ぶこともできるから、外部との経済活動が活発になってくると、どうしても文字が必要になってくるんでしょうけどね。

高野　お互いの顔が見える範囲で暮らしていれば、文字は要らないですよね。日本でも近しい関係の人との間では口約束ですよね。あんまり文字にしない。

清水　確かにそうですね。

『ゾミア』を読んで考えさせられたのは、「結局、文明とは誰のものなのか」というテーマですね。すべての人が文明に憧れていたかっていうと、そんなことはなくて、ゾミアの人たちはそんなに文明を必要としていなかった。むしろ文明でメリットを得てきたのは国家の側だったんだっていうことを学びました。

高野　文明は民衆にとってすごく迷惑だったたって感じがしますよね（笑）。ミャンマーの軍事政権はよくないとさんざん言われてきましたけど、むしろ軍事政権の方が「文明」の伝統をきちんと継承していたんじゃないかと思えてきた（笑）。

清水　そうですね。だから、この本で提示されている歴史像って、すごくアナーキーですよ。

高野　アナーキーですよね。

清水　かなり危険な香りのする本です。

第二章

『世界史のなかの戦国日本』

——世界に開かれていた日本の辺境

『世界史のなかの戦国日本』

村井章介著／ちくま学芸文庫／二〇一二年
一二〇〇円＋税

一六世紀から一七世紀前半にかけての日本は、中世的な権力の分散状況が克服され、近世の「幕藩制国家」が生み出されるまでの変動期だった。しかし、そのような「一国史」的な見方だけでは、この時代を理解するには不十分だと著者は説く。本書は、蝦夷地、琉球、対馬といった列島の周縁部に目を向け、そこで起きていた事件を世界史的な文脈でとらえ直す一冊。サハリン・沿海州貿易で富を築いた琉球王国、銀貨をめぐり暗躍する倭人ネットワーク、そしてアジア交易に進出してくるヨーロッパ勢力など、海を往還する人々の動きを追いつつ、時代のうねりの中で中国を中心とする世界システムが激変していく様子を描く。

村井章介　むらい　しょうすけ

東京大学名誉教授。一九四九年、大阪府生まれ。文学博士。専門は日本中世史、東アジア文化交流史、史料学。倭寇・貿易・海運・港町・漢詩・対外意識・政治思想などを扱いながら、日本列島周辺の九～一七世紀を広い「地域史」や「世界史」の文脈の中で読み替えようと試みている。国内外の史跡を徹底調査する現場主義でも知られる。『アジアのなかの中世日本』（校倉書房、一九八八年）、『中世倭人伝』（岩波新書、一九九三年）、『分裂から天下統一へ〈シリーズ日本中世史４〉』（同、二〇一六年）、『増補　中世日本の内と外』（ちくま学芸文庫、二〇一三年）、『境界をまたぐ人びと』（山川出版社、二〇〇六年）、角川源義賞を受賞した『日本中世境界史論』（岩波書店、二〇一三年）などの著書がある。

最先端の辺境に富が蓄積される

清水　前回、中世日本の海賊についてお話しした際、参考文献として村井章介さんの『中世倭人伝』を挙げました。そこで、今回はその村井さんの『世界史のなかの戦国日本』です。

高野　これ、この前、アフリカに行く飛行機の中で読んだら、もうすごく面白くて。夢中になって読んじゃいましたよ。

清水　どんなところが面白かったですか、高野さんみたいな人が読むと。

高野　この本では、日本の辺境のことを取り上げているでしょ。まずは蝦夷地[*1]ですよね。次に琉球《りゅうきゅう》[*2]で、それから対馬《つしま》[*3]。

清水　ええ。

高野　ああいう地域は日本の辺境だけど、東アジアの国際社会から見ると、むしろ中心に近いんですよね。

清水　ああ、はいはい。

高野　外国との接点になっていて、海のネットワークでも結ばれ

＊1　蝦夷地
中世～近世の北海道・樺太・千島の総称。

＊2　琉球
沖縄県の旧称。一五世紀前半、尚氏が全土を統一し、琉球王国を建国した。日本・中国・朝鮮・東南アジアを交易圏とした中継貿易の拠点となった。

＊3　対馬
九州と朝鮮半島の間にある島。現在は長崎県に属する。中世以降、宗氏が支配し、朝鮮との貿易窓口となった。

ている。だから、辺境の概念が変わるというか、自分の頭の中の地図が変わる、そういう面白さがありますね。

清水　一五世紀に蝦夷地で起きたアイヌの反乱[*4]の舞台となった志《し》濃里館《のりだて》[*5]の話が出てきますよね。函館空港のすぐそばですけど。あそこの館跡近くで見つかった銭甕《ぜにがめ》[*6]からは約四〇万枚の中国銭[*7]が発掘されてるんですよ。これを上回る量の銭は本土でも見つかっていないんです。

高野　そうなんですか。

清水　北海道に拠点を置いた和人勢力[*8]が蓄えていたものらしいんですけど、四〇万枚ということは今のお金に換算すると、一〇〇〇枚（＝一貫文）で一〇万円ぐらいだから、四〇〇〇万円ぐらいになる。蝦夷地というと僻地《へきち》というイメージがありますが、実はそこにすごい量の銭が蓄えられていた。

高野　それぐらい蝦夷地は豊かな地域だったということですよね。

清水　ええ、辺境では異なる文化や物資が交錯しますから、経済活動が活発になって富が蓄積されるんです。

高野　ある意味で最先端なんですよね。前回、中国雲南省やミャ

＊4　アイヌの反乱　一四五六〜五七年にアイヌの首長コシャマインが起こした反乱。北海道渡島半島南部を征服していた安東氏に対抗し、箱館付近の和人館を多く攻め落としたが、安東氏の客将武田信広（松前氏の祖）によってコシャマイン父子が討ち取られ、鎮圧された。事件の経緯を語る『新羅之記録』は松前氏側の歴史書であるため、武田信広の活躍を強調しているふしがあり、反乱の実態については不明な点が多い。

＊5　志濃里（志苔）館　北海道函館市志海苔町にあった城館。室町時代に和人が築いた道南十二館の一つ。一四五七年のコシャマインの戦いで落城。発掘調査が

ンマーにいるシャンという民族について話しましたよね。彼らは国境線で分断されたかわいそうな少数民族というイメージをもたれやすいんですけど、実は国境貿易でもうけている人も多いんですよ。中国にもミャンマーにも土地鑑があって、両側に親族や仲間がいるから、交易の担い手になってお金を稼げる。

清水　高野さんの本を読んで、シャンというのは素朴な人たちが多いんだろうなと思っていたんですけど、そうでもないんですか。

高野　いや、もちろん素朴な人は多いですよ。でも、素朴な人が多いということと、商売をやってもうけている人もいるのは別に矛盾しませんよ。農業をやっている人たちは素朴ですよ。

清水　その一方で、ビジネスチャンスをつかんだ人もいると。

高野　そうそう。そういう人は豊かになっている。だから、国境線が引かれることによって少数民族になってしまうと、それで割を食うことはもちろんあるんだけども、必ずしもそれだけじゃなくて、国の縁にいるからこそ、交易で潤うということもあるんですよね。

清水　もともと銭というものは、どうも辺境にたまる傾向がある

進み、居館跡や中国製陶磁器などの多数の遺物が確認されている。南西一三〇メートルの海岸では四〇万枚近くの中国の銅銭の入った銭甕が発見されている。

＊6　**銭甕**
銅銭を備蓄した甕。戦乱の絶えなかった中世では、銭甕を地中に埋めて財産の保全を図ったため、現在も発掘調査などでそれらが発見されることがある。

＊7　**中国銭**
平安時代の皇朝十二銭の鋳造中止後、鎌倉～戦国時代の中央政権は貨幣をみずから鋳造することなく、中国からの輸入銭を通貨として使用し続けた。

みたいなんですよ。鎌倉時代の大山荘《おおやまのしょう》（現在の兵庫県篠山市）という荘園[*9]の研究で明らかになっているんですけど、荘園の中で銭が普及していくのは、平地エリアより山間部エリアのほうが先なんです。

高野　どういうふうに理解すればいいんですか、それは。

清水　中国銭が大量に輸入されるようになる前は、人々はコメを交換ツールとして使っていたんですが、山間部はコメがあまりとれないんで、いろいろな山林資源との交換が可能な銭が有効なツールとして浸透していったんじゃないかと言われています。非農業地域ほど、銭が必要だったのかもしれない（参考：大山喬平「中世村落における灌漑《かんがい》と銭貨の流通」『日本中世農村史の研究』岩波書店）。

高野　なるほど。僕が『世界史のなかの戦国日本』を読んで思ったのは、日常的なものほど流通範囲が狭くて、非日常的なものほど交易の距離が長くなるんだなあっていうことですね。

清水　ああ、日常的な産品であるコメなんかは地域経済圏で消費されちゃうけど、北方の産物であるラッコ[*10]の毛皮みたいな珍しい

＊8　和人
北海道の日本人をさす呼称。アイヌ語で「シャモ」。室町時代には渡島半島南部に定住し始めていた。

＊9　荘園
奈良・平安時代から室町時代にかけて、貴族や寺社が諸国に領有した土地。中世社会の基本的な土地制度。

＊10　ラッコ
イタチ科の哺乳類。体長六〇〜一三〇センチ。北千島・アラスカ半島・カリフォルニア沿岸など太平洋北部に生息。かつては北海道にも生息していた。海上で仰向けに浮かび、腹の上に石を載せ、貝類を打ちつけ殻を割って食べる。毛皮は最高級品として珍重され、乱獲によって激減した。ラ

ものはどこまでも運ばれていきますよね。

高野　銭はそういう射程の長い交易をするときに有効なんですよね、きっと。

清水　中世の日本で中国銭に交換価値が生まれたのは、舶来物であること自体に価値があったからじゃないかという説もあるんですよ（参考：中島圭一「日本の中世貨幣と国家」、歴史学研究会編『越境する貨幣』青木書店）。

高野　そもそも（笑）。

清水　中国から来た珍しいものだったから、みんな欲しがった。

高野　ありがたかったんですね。

清水　実際、「永楽通宝」とか「宣徳通宝」とか、銭には必ず縁起の良さそうな漢字四文字が書いてありますからね。人々は意味はわからなくとも、そういうところに価値を感じて、取引をするときの交換ツールとして利用するようになったのかもしれませんね。

ッコの皮は手触りが良く、撫でるとどちらにもなびくことから、転じて、室町時代には「ラッコの皮」は「たやすく他人の意見になびき従う者」という意味で使われた。

日本は中国の日の本で、日本の日の本は蝦夷地

高野　中世の蝦夷地ではいろいろな人が混住していて、和人とアイヌがはっきり分かれていなかったということも、この本を読むとよくわかりますね。

清水　蝦夷地には、「日《ひ》の本《もと》」「唐子《からこ》」「渡党《わたりとう》」という三つの集団がいて、渡党はかなり和人寄りだったと記録にありますね。

渡島《おしま》半島南西部に勝山館《かつやまだて》[*11]という一五世紀後半から一六世紀前半に使われた和人の館があったんですが、その近くの墓所には和人たちの墓に交じって、耳飾りなどの副葬品をともなった明らかにアイヌの墓と見られるものもあるそうです。実際はアイヌと和人は対立していたばかりではなくて、混住していたんでしょうね。

高野　そのほうが自然だと思いますよ。

清水　江戸時代に松前藩[*12]が記した『新羅之記録《しんらのきろく》』[*13]という文献があって、この記録はわりと和人とアイヌを対抗的に書いているんですよね。いろいろなアイヌの反乱が起こったというふうに。でも、

＊11　勝山館
北海道檜山郡上ノ国（かみのくに）町勝山にあった城館。一五世紀後半に武田信広が築き、一五一四年の松前移転まで蠣崎氏（松前氏）の拠点とされた。近年の発掘調査の結果、多数の建物跡や墳墓群、五万点を超える中国製陶磁器が発見され、中世北方交易の拠点として注目された。

＊12　松前藩
江戸時代、蝦夷地松前地方を領有していた外様藩。一五世紀、蝦夷地に移住した安東氏の客将武田信広（のちに蠣崎氏を継ぐ）が家祖。松前移住後に松前氏を称する。アイヌ民族との交易を独占し、石高はないものの大名格として遇された。

それは松前氏（中世の蠣崎《かきざき》氏）から見た歴史で、自分たちの北海道支配を功績としてアピールするために、わざと和人とアイヌを対立の図式で書いたのだけれど、実際は北海道には和人とアイヌが共同生活していたエリアもけっこうあったんじゃないかと考える研究者も増えてきているようです（参考：石井進『中世のかたち（日本の中世1）』中央公論新社）。

高野　そうだと思いますよ。

清水　ただ、一方でそれだけで両者が友好関係にあったとまで言い切れるかというと、それはまた難しいんですよね。勝山館のアイヌ関係の遺物も、和人によって下層労働者として館内で雇用されていたアイヌのものである可能性も捨てきれない（参考：榎森進『アイヌ民族の歴史』草風館）。

高野　前回のミャンマーの軍政と少数民族の関係と似てますね。政府は多数民族であるビルマ族の支配だから、少数民族とは基本的に敵対関係が強いけれど、少数民族側も一枚岩では全然ない。政府側と仲良くして利益をあげよう、それでライバルの派閥に勝とうというグループもある。政府側がカネや利権と引き替えに特

＊13　『新羅之記録』
松前藩が一六四六年に編纂した歴史書。北海道の歴史を語る最古の文字史料。書名は松前氏の祖とされる新羅三郎義光に由来する。

定の派閥を取り込むケースもあります。ソマリアのソマリ人と、敵対関係になりやすいケニア政府やエチオピア政府の間にもそっくりの現象が見られますよ。ソマリ人の多くはケニアやエチオピアを嫌っているけど、利益でくっつくグループは必ずいます。

清水　なかなか一筋縄ではいかない現実があるわけですよね。

　あと、前に『世界の辺境とハードボイルド室町時代』の対談のとき、日本で梅毒が流行するスピードが信じられないぐらい速かったという話をしましたよね。一五一二年に京都で書かれた本に初見記述があって、翌年にはもう山梨の記録に出ているんですが、同じ頃、勝山館でも骨梅毒症[*14]に罹《かか》った人がいたようで、罹患《りかん》した痕跡のある人骨が確認されているんです。

高野　梅毒、恐るべしですね（笑）。

清水　辺境には銭もたまるんですけど、困った病気もやってくるみたいなんですよ。やはりそれだけ人の往来が活発だったということなんでしょうね。

高野　さっき出てきましたけど、「日の本」という呼称も、僕はすごく面白いと思ってて。日の本って日本のことを表してもいる

＊14　**骨梅毒症**
梅毒感染の症状。感染後三〜一〇年（第三期）に見られる症状で、皮膚や筋肉、骨などに腫瘍が発生する。現代医学では、ここまで悪化するのは稀。

んだけど、元来は「東の果て」という意味なんですね。

清水　「日の出てくる方角」という意味ですから。

高野　豊臣秀吉は「奥州から日の本までを制圧する」と言ったでしょ。この場合は、日本のさらに日の本＝東にある蝦夷地を平定すると言っているわけですよね。自分は日の本を統一したという意識があるにもかかわらず、それとは別に日の本を抑えようとしている。だから、なんだろう、日の本というのは絶対的な名称ではなくて、相対的な名称ですよね。

清水　古代に、中国から「倭国」と呼ばれるのを嫌って国号を「日本」と定めたというのは、中国からの自立を意味したという説もあるんですけど、一方で「中国から見て東側」という方位感覚を内在化しているだけじゃないかとも考えられるんです（参考：吉田孝『日本の誕生』岩波新書）。

高野　僕はそっちだと思いますよ。中国と日の本って、名称として完全にセットじゃないですか。「真ん中」と「東」だから。

清水　中国から見て日本は日の本で、日本から見て蝦夷地はさらに日の本というふうに多重構造になっているんですね。

外交・通商のアウトソーシングを担う悪徳エージェント

高野　もう一つ面白いと思ったのは、中世に蝦夷地や奥州に勢力を張った安藤（安東）氏[*15]が、自分たちは、朝廷に滅ぼされた蝦夷の血を引いていると言ったり、前九年合戦[*16]で負けて死んだ俘囚の安倍貞任《あべのさだとう》[*17]の子孫だと称したりしていることですね。朝廷に反逆して滅んだ人たちの子孫を名乗るというのはなぜなんだろうと。

清水　田舎者と思われてデメリットになるんじゃないかと思いますよね。

高野　でも、そう名乗ることで、地元からも中央政府からも、辺境の地の代表者として認められるというメリットがあったみたいですね。

清水　だから、あえて「自分たちは蝦夷の親分だ」ということを前面に出すんですよね。一種のハッタリとして。戦国大名だと、周防《すおう》（山口県東南部）の大内氏なんかも、百済《くだら》王族の末裔だということを言って、対朝鮮貿易の利権を正当化しようとしています

＊15　安藤（安東）氏
鎌倉～戦国時代の陸奥国津軽地方に拠点をもった武士の一族。一五世紀以前は安藤氏、以後は安東氏と表記されることが多い。

＊16　前九年合戦
一〇五一～六二年、朝廷の命をうけた源頼義・義家父子が陸奥の豪族安倍頼時・貞任父子を鎮圧した戦い。かつては「前九年の役」とも呼ばれたが、「役」という言葉に「蛮族を征伐する」というニュアンスがあるため、近年ではより中立的で古くからの呼称でもある「前九年合戦」が使われることが多い。実際には一二年間の戦闘がなぜ「九年」と語られたかは諸説あり、不明。

ね。
高野　中央政府の側にも、異民族とか異世界とは直《じか》に接しないという一貫した方針があったみたいですね。朝鮮外交なら対馬の宗氏をエージェントにして任せたほうがいいというように。
清水　そうすると交渉や翻訳のテクニックが対馬に蓄積されるので、政府が直に朝鮮とやりとりするよりも効率的だという発想ですね。
高野　なんかちょっと、民営化じゃないですけど（笑）、外交や通商をアウトソーシングしているような。
清水　確かに政府から見れば外部委託ですね。
高野　委託されている対馬ではやりたい放題で、使者の資格を証明するための印とかを偽造しちゃって。
清水　そうそう。実在しない大名の名前で勝手に朝鮮と交易をやったりするんですよ。
高野　やることがちょっと悪徳エージェントみたいですよね（笑）。辺境住民のしたたかさが見えて僕には痛快ですけど。
清水　それでも本土の中央政府の人たちは、外交や通商を外部に

＊17　安倍貞任（一〇一九～六二）
平安中期の陸奥の豪族。父頼時とともに朝廷に背き、前九年合戦で源頼義・義家父子の追討をうけ、厨川（くりやがわ）で敗死した。

委託することで、あっちの世界のことは知らないよというふうに割り切って、自分たちの自尊心やナショナリズムやアイデンティティを保っていたんでしょうね。中世国家の中枢って、そういう内向きの論理で成り立っていたようなところもあるんじゃないですかね。

高野　非常に力が内向きに働いていた感じですよね。ポルトガル人の残した記録には、中国人の話として、「日本人は海洋国民ではない」と書かれている、とありましたよね。これだけ海に囲まれているのに。

清水　倭寇みたいな辺境の人はすごくバイタリティがあるんですけど、中央にいる人たちは海外のことをそんなに意識していないんですよね。

高野　むしろ日本では、国内にいられない人とか、居場所がないアウトローが海外に出ていっていた感じですよね。それ、わりと今もそうなんじゃないかって気がしてならないんだけど（笑）。

＊18　マラッカ
マレー半島南西部の港湾都市。一四世紀末に建設されたマレー半島最古の都市でもある。マラッカ海峡に面している。

＊19　アデン
イエメン南部の港湾都市。アデン湾に臨む。紅海の入り口にあり、地中海とインド洋を結ぶ幹線航路の寄港地、アラビア半島南部の門戸・中継港。詩人のアルチュール・ランボーが居を構えたことで知られる。

＊20　グザラテ
インド北西部の州。「グジャラート」が一般的な日本語表記。BC二〇〇〇年頃にはインダス文明の都市が存在した。マハトマ・ガンジーの出身地でもある。

ソマリ人と倭寇がマラッカで遭遇？

高野　この本では、南海貿易の要衝だったマラッカ[*18]（現在はマレーシア）についてのポルトガル人の記録も紹介されていて、そこにマラッカで取引していた人々の民族名とか出身地名がたくさん出ているじゃないですか。民族名もイコール地名ですよね。カイロ、メッカ、アデン[*19]、グザラテ[*20]、オリシャ[*21]、アラカン[*22]、ペグー[*23]……っていうふうに中東やインドや東南アジアの馴染みのある地名がずらずら出てね。

清水　なんでこんなに地名がたくさん出てるんだろうと思って、特に気にしなかったけど。

高野　これ、見てるだけで、僕はもう多幸感に浸ってしまった（笑）。

清水　地名を見るだけで多幸感に浸れるっていうのはすごい（笑）。

高野　『海のアジア』（尾本恵市《おもとけいいち》ほか編、岩波書店）というシリーズの本で読んで知ったことなんですけど、八～一五世紀にはモン

＊21　オリシャ
インド南東部の州。「オリッサ」が一般的な日本語表記。

＊22　アラカン
ミャンマー西南部、ベンガル湾とアラカン（ヤカイン）山脈の間の細い海岸地域。もしくは同名の州（ヤカイン州）。現在、迫害と難民化が深刻な問題になっているベンガル系の難民ロヒンギャはこの地に住む。また、迫害しているとされる現地の仏教徒はアラカン（ヤカイン）族と呼ばれる。

＊23　ペグー
ミャンマー南部の都市。ヤンゴンの北東八〇キロに位置する。別名バゴー。一四世紀以来、ここイワラジ川（現エーヤワディー川）流

スーンを利用したインド洋海域の交易ルートがすごく発達していて、いろんな国の人たちがそこを行き交っていたみたいなんです。四大都市っていうのがありましてね、カンバーヤ[*24]（インド）、アデン（イエメン）、ホルムズ[*25]（イラン）、それとマラッカですよね。このうちカンバーヤ以外は今も海上交通の要衝です。ぜんぜん昔と変わっていない。

清水　なるほど。

高野　『海のアジア』にはインド洋海域の主要都市と航路を網羅した地図も載っているんですが、その中に、ソマリ人の町が四つもある。ムガディシュー[*26]（モガディショ）、ラァス・ハーフニー[*27]（ラス・ハーフーン）、バルバラ[*28]（ベルベラ）、ザイラ[*29]（ゼイラ）とあって、これ、全部、ソマリ人の港町なんです。

清水　中世以来の港町？

高野　そう、今も港町なんですよ。すごいでしょ。このうちバルバラとザイラは、僕がずっと取材してきたソマリランドにあるんです。ソマリランドの都市が二つも出てる（笑）。

清水　なるほど（笑）。

域の南部一帯を支配する王朝の都が置かれることが多かった。

＊24　カンバーヤ
現在のグジャラート州にあった港湾都市。カンバートともいう。

＊25　ホルムズ
ペルシャ湾で一〇世紀から一七世紀にかけて存在したホルムズ王国の港湾都市。現在はイラン領。ペルシャ湾とオマーン湾を結ぶ海峡名でもあり、原油輸送の重要な航路となっている。

＊26　ムガディシュー
アフリカ東部のソマリア連邦共和国の首都。一般的な日本語表記はモガディショ、モガディシオなど。

高野　ソマリ人は一般的には遊牧民として知られているんだけれども、実は船乗りとしても活躍していたと言われていて、特にソマリランドには船乗りで有名な氏族もいるんですよ。なので、この中世の時期にマラッカなんかにどんどん行っていたんじゃないかと。で、そこで倭寇と会ったりしていたんじゃないかと思ったんですよね。

清水　かもしれませんね（笑）。

高野　ちなみにアジアの港湾都市を築いたイスラム国家は、海に対して武装していなくて、砲台とか砦《とりで》を海に向けてつくらなかったそうなんですよ。要するにお台場の砲台みたいなのはなくて、逆に内陸に向けて武装するんだって。

清水　なんで？

高野　キリスト教徒の領域国家[*30]とか遊牧民が攻めてこないように。

清水　それでも攻め込まれたら、最後は海を背にして雪隠詰《せっちんづ》め[*31]じゃないですか。

高野　いや、雪隠じゃないんですよ。海は広がっているから。

清水　ああ、海に逃げられるのか。

＊27　ラァス・ハーフニー　ソマリア東北部の港町。

＊28　バルバラ　ソマリランド第一の港湾都市。この港で得られる関税がソマリランド共和国の最も重要な収入源となっている。

＊29　ザイラ　ソマリランドの古い港町。詩人のランボーがこよなく愛したと言われる。

＊30　領域国家　特定地域を広く領有する国家。通常はいくつもの都市を含み、内陸部にも広い領土を有している。ここでは、海を背景に一カ所もしくは複数の港を支配して成立する海洋国家の対立概念として言及している。

高野　物資や武器も海からやってくるわけだし。だから海を防備しようとはしていない。ところがキリスト教国が港に入ってくると、海に大砲を向けて、領域国家を守ろうとするんだそうです。

清水　なるほど。海に大砲を向けていても、いろいろな所からいろいろな人が入ってくるわけだから、それよりも内陸に大砲を向けておいて、いざとなったら海に逃げるっていうふうに考えるほうが理にかなっていそうですね。

高野　そう。だから、港湾都市にとっては海が所属領域なんですよね。

清水　そういえば、秀吉の朝鮮出兵[*32]のとき、半島に「倭城《わじょう》[*33]」と呼ばれる日本式の城がつくられるんですよ。今も一部に石垣がよく残っていて、ただ、場所が韓国なので、日本人はあまり研究してこなかったんです。しかし最近、日本ではお城の研究が進んでいて、築城技術は秀吉の時代に一番発達していたことがわかってきたので、おそらくその最高の技術を向こうにもっていっているはずだというんで調べてみたら、いずれも内陸側から攻めてくる敵から港を守るつくりなんですって（参考：織豊期城郭研究会編

＊31　雪隠詰め
将棋で相手の王将を盤の隅に追い詰めること。転じて、相手を逃げ場のない所へ追い詰めること。

＊32　朝鮮出兵
文禄・慶長の役。一五九二年から九八年にかけての二度にわたる豊臣秀吉の朝鮮侵略戦争。日本を統一した秀吉の東アジア征服構想の一環であったが、内外に多くの犠牲を生み、敗戦により豊臣政権を弱体化させる結果となった。

＊33　倭城
豊臣秀吉の朝鮮出兵の際に、日本軍が朝鮮南岸に築いた日本式城郭。現在も韓国には約三〇カ所の遺構が残されている。

『倭城を歩く』サンライズ出版）。土地を面的に支配しようとしていない。そこはアジアの港湾都市と似ているかもしれませんね。

高野　発想としては同じですよね。

清水　しかも、朝鮮出兵がダメになってきて、もう守り切れないという状況になると、そういう城をつくるんですよ、この港だけは守ろうって。だから最後に港を死守するための城なんです。

高野　海から来て、内陸に侵入していって、海に逃げていく。

清水　倭寇的ですよね。

高野　倭寇的ですね。秀吉軍は「海の民」化したんですね。

倭寇の後継者・秀吉のマッチョなコンプレックス

清水　中国の明の時代に、鄭和《ていわ》[*34]の大航海ってありましたよね。あれは東アフリカまで行ってますね。

高野　学校の授業で最初にそれを習ったときは、なんでそんな遠くまで行けたんだろうと驚いたけど、すでに確立したルートを通って旅行しているだけだから、特にすごい話でもないんですよね。

*34　鄭和（一三七一?～一四三四?）　中国、明の武将。雲南省出身のイスラム教徒。宦官（かんがん）として燕王（のちの永楽帝）に仕え、一四〇五年から三三年までに七回にわたり大船団を率いて西方遠征を行い、その航跡はアフリカ大陸東岸や紅海にまでおよんだ。

清水　なるほど。あの航海自体、移住とか植民を前提にしたわけじゃなくて、ある種の政治的なデモンストレーションですし。日本に鉄砲が伝来したのも、鄭和のルートの逆をたどってきただけと考えれば、そんなにすごいことじゃない。

高野　鉄砲はいつ誰が種子島に伝えたのかとか、まだいろいろ議論があるみたいですけども、まあ、どっちでもいいかなって。ここまでルートができあがっていれば、いずれ誰かが持ってきただろうし。

清水　ポルトガル人じゃなければ、別の国の誰かが持ってきただろうと。

高野　そういうことですね。

清水　王直《おうちょく》*35という寧波《ニンポー》を拠点とする中国人の後期倭寇がかかわっていたことはほぼ間違いないと言われてるんですよ。シナ海の海賊の親玉ですね。

高野　秀吉もその寧波に最終拠点を置くつもりだったんですよね。

清水　秀吉は朝鮮、中国、台湾、天竺《てんじく》を服属させた後、自分は寧波に行って、シナ海交易を掌握するつもりだったんです。

*35　王直（?〜一五五九）
中国、明代の倭寇の首領。密貿易の取り締まりを避け、平戸・五島を本拠に倭寇を率い、「徽王」と自称した。種子島に鉄砲が伝来した際にも、船に同乗しており、筆談役を務めている。のちに明朝の謀略をうけ投降し、処刑された。

*36　女真族
一〇世紀以降、中国東北部・沿海州に展開したツングース系の狩猟・牧畜民。一二世紀に阿骨打（アクダ）が諸部族を統一して金を建国。一七世紀にヌルハチが後金を建国する。

*37　清（一六一六〜一九一二）
中国最後の王朝。女真族のヌルハチ（太祖）が満州を

高野　だからこそ、「秀吉は、かの倭寇王王直の血をひく〈倭寇的勢力〉の統轄者だ」と村井さんは書いている。そう考えると、いろんなことが腑《ふ》に落ちますよね。

清水　この本では、最後のところで、中華文明の辺境である日本と女真族《じょしんぞく》*36が最終的に中華帝国を滅ぼしたんだというダイナミックな論理展開になっていますよね。つまり秀吉は、清朝*37の創始者ヌルハチ*38がやったのと同じことをやろうとしていたんじゃないかと。これを最初に読んだとき、僕はびっくりしました。読み方によっては、すごく不穏当なことが書かれているわけで。ただ、帝国が行き詰まると辺境が盛り返してくるという図式は確かにその通りなんですよね。

高野　清王朝ができたとき、朝鮮とか日本は女真族の統治なんて認めないっていう態度をとって、中国が明に戻ることを願っていたんでしょう?

清水　朝鮮が一番憤慨するんですよ。朝鮮が儒教に対するこだわりをもち続けたのは、儒教は自分たちの国にしか残っていないという自意識からなんですよね。

統一し、後金を建国。子のホンタイジ（太宗）が一六三六年に国号を清と改め、順治帝のときに北京に遷都。康熙・雍正・乾隆帝のときに最盛期を築いたが、一八世紀末からヨーロッパ勢力の外圧や太平天国の反乱などにより衰退。辛亥革命によって滅ぼされた。

＊38　ヌルハチ（一五五九～一六二六）　中国、清朝の初代皇帝。太祖。姓は愛新覚羅。女真族の族長から満州を統一し、汗（ハン）位に即き、後金を建国した。満州文字や八旗（はっき）制度を定め、清朝の基礎を築いた。

高野　日本にも、中国はもはや本来の中国ではないという感情があったんですか？

清水　日本もそうですよね。中華文明が滅んだ今、中華の良き伝統は日本にしか残されていない、ぐらいに一部の知識人は考えてますよね。

高野　そういえば、最近『上海《シャンハイ》駐在物語』（そがべひろ、連合出版）を献本していただいたんですけど、それをパラパラと見ていたら、同じようなことが書いてありましたね。これは清じゃなくモンゴル支配の元[*39]以降という話ですけど。

清水　ん？　どういうふうに？

高野　中国人は人材を育成しないっていうんですよ。優秀な人材を見つけてきて、すぐヘッドハンティングしちゃうと。そこが農耕民族的ではないと著者のそがべさんは言うんですよね。要するに、種をまいて辛抱強く育てて刈り入れするという発想ではなくて、遊牧民族的であると。中国では宋のあとの元の時代で農耕民族的な伝統が途絶えちゃったんだと。

清水　赤穂浪士にも思想的な影響を与えた儒学者の山鹿素行《やまがそこう》[*40]なん

＊39　元（一二七一〜一三六八）
中国を支配したモンゴル族の王朝。モンゴル帝国のクビライが大都（北京）に都を定めて建国。一二七九年に南宋を滅ぼし、中国最初の異民族王朝となる。中国本土のほか、モンゴル、チベット、中国東北部、高麗などを領有し、日本にまで二度遠征軍を派遣したが（元寇）、明の朱元璋に滅ぼされた。

＊40　山鹿素行（一六二二〜八五）
江戸前期の儒学者・兵学者。古学を提唱し、『聖教要録』を著し、朱子学を批判した。

て、『中朝事実《ちゅうちょうじじつ》』という本を書いているんですが、そこで言っている「中朝」とか「中国」って、実は日本のことを指しているんですよ。儒学はすばらしいけど、その伝統はもう現在の中国には生きていない。真の「中国」はもはや日本だ、ってわけです（参考：須田努「鎖国の内実」、須田努・清水克行『現代《いま》を生きる日本史』岩波書店、二〇一四年）。

高野　今の人が同じことを書いているから、びっくりしちゃう（笑）。

清水　中国史の研究者でも、たとえば宮崎市定《みやざきいちさだ》も、[*41] 通史の『中国史（上・下）』（岩波文庫）なんかを読むと、そういうことを書いていますよね。モンゴルが来た時点で中国の歴史は絶たれたって。元に支配された後の明・清は残虐な帝国で、騎馬民族の影響でそうなったんだと。清はともかく、明は少なくとも漢民族なわけだから、そこを全部いっしょくたにしちゃダメだろうと思うんですけど。なんか、そういう書き方をしちゃうんですよね。

高野　それにしても、中世の日本ってやっぱり特殊ですよね。中華文明圏の中に独自に天皇制国家というミニ帝国をつくっちゃっ

＊41　宮崎市定（一九〇一～九五）　歴史学者。長野県生まれ。京都大学名誉教授。専門は中国史・アジア史。いわゆる京都学派の中心人物の一人で、戦後を代表する東洋史学者。一般向けの東洋史の著作も数多く残した。著書に『科挙』（中公新書）、『雍正帝』（中公文庫）など。

て、なんか知らんぷりしていたわけですよね。

清水　ええ。中国の皇帝に室町殿（室町幕府の首長）を「日本国王」と認めてもらう冊封《さくほう》*42関係を申し訳程度に結ぶんですけど、それもあまり真面目にやってないんです。

高野　そもそも天皇が冊封を受けていない。見事にダブルスタンダードですね。

清水　で、辺境の人間であることが逆にプライドになっているところが、秀吉なんかにはあるじゃないですか。明のことを「長袖《しゅうこく》国」、長袖を着た貴族や坊主の国と呼んで、自分たちは「弓箭《ゆみや》きびしき国」だという自意識をもってて。これって「勉強できないけど、スポーツは得意だぜ」みたいなことですよね。

高野　ケンカしたら負けねえ、ですもんね。

清水　そこが秀吉の不思議にマッチョな発想で、辺境的だと思いますね。中国に対するコンプレックスは間違いなくあるんです。世界の中心は北京だと思っていて、だからこそ、そこに天皇を動座させようとするんですから。すごく屈折してますよね。

高野　当時の日明貿易では、日本からの輸出品は銀とか金とか銅

*42　冊封
中国皇帝が諸侯および周辺の服属国の王などに冊（勅書）によって爵位・封土を与えること。

とかの鉱山資源が多かったでしょ。加工品があまりない。これも辺境的ですよね。

清水　あとは刀剣ですね。日本刀は宋の時代から重宝されていたらしいです。でも、これ、言ってみれば武器輸出ですからね。

高野　あくまで武闘派なんですね。しかも倭人は朝鮮で綿布をかたっぱしから買っていくし。「布もないのか」って思われたんじゃないかな。

清水　日本では、室町時代に木綿を栽培できるようになるんですけど、大量につくれるようになったのは江戸時代からで、それまでは綿布は輸入する一方でしたからね。それに、秀吉が朝鮮から陶工を連れて帰るまで、日本では磁器も自力ではつくれなかったわけだから。そう考えると、この時期の日本は、やっぱり同時代の中国・朝鮮に比べて出遅れていた感は否めないですね。

琉球の公用文字はなぜ「ひらがな」だったのか

清水　先ほど、北海道で和人とアイヌが混住していたという話をしましたけど、琉球でも日本と中国の文化が混じり合っていたんですよね。首里城*43の建築を見ると、日本と中国の様式が完全にミックスされています。竜の彫刻があったり、朱色に塗ってあったりと、建物は全体的に中国風なんですが、メインのエントランスの屋根には唐破風《からはふ》*44という日本の建築物に特有の造形が施してある。ああいうふうに日中の様式を混ぜるのは、琉球王国の立場を象徴的に表しているんじゃないですかね。

高野　琉球では公用文字がひらがなだったというのも面白いですよね。なんでそうなるんだろう。だって、中国では漢字を使っていて、日本の中央政府でも正式な文書は漢字なのに、中間にある琉球はひらがななんて。でも、琉球では公文書には中国暦を使うんですよね。それもよくわからないよなあ。

清水　それぐらいマージナルな場所だったということなんでしょうね。

高野　かなを使っていたのは、中国人に読まれないようにするためですかね（笑）。

清水　中国の周辺国って、漢字だけだと不自由なので、自分たち

＊43　首里城
沖縄県那覇市にある旧琉球王府。一六～一九世紀に尚氏の居城であった。一九四五年の沖縄戦で焼失したが、その後、守礼門、正殿などが復元された。「日本百名城」の一つ。二〇一九年一〇月、火災により正殿などが焼失した。

＊44　唐破風
日本建築の屋根の装飾部位。屋根の縁を一部分のみ凸型に湾曲させた形状。玄関や出窓部分の屋根に多く用いられ、身近なところでは銭湯の入り口によく見られる。

の言語を表記しやすい文字をつくるじゃないですか。ひょっとしたら琉球でも、ハングルやひらがなみたいな表音文字をつくりたかったんだけど、やっぱり中国との距離が近くて、その影響を強く受けていたので、独自につくることはできなくて、その代わりに、ひらがなという都合のいい表音文字があったんで、そのまま取り入れちゃったんじゃないですかね。

高野　面白いですね。

清水　だとしたら、ひらがなを使っているからといって、日本に従属しているという意識はなかったんじゃないですかね。あるものは使おうということで。

高野　むしろ、日本の公用文字である漢字とは違うからいいんだと思っていたかもしれない。

清水　でも、かなって、使いこなすのが難しいんですよね。この本の中にも琉球の古文書の写真が載っていますけど、これ、今のひらがなと違いますすもん。崩し字のひらがな[*45]って、読むにも書くにも技術が必要だから、使うのは大変だったと思いますよ。

高野　確かに。

*45　崩し字のひらがな　中世~近世に使われた崩し字では、ひらがなの「あ」だけでも「安」「阿」「愛」「亜」などを崩した字がそれぞれ使われ、「安」の崩しも崩し方の度合いでまた形が異なる。

清水　今の小学生が漢字の前にひらがなを習うのとは違って、崩し字のひらがなって、元の漢字を知っていないと書けないですからね。

バックパッカー・ザビエルと代表的日本人アンジロー

高野　この本には、イエズス会[*46]のフランシスコ・ザビエル[*47]が日本に向かっているときに書いた手紙のことも出てきますよね。その中に、中国人の船に乗せてもらったけど、彼らはあちこちの島に寄るし、くじを引いた結果、よい託宣が得られなかったので航海を延期して中国で越冬するとか言い出したとあって、ザビエルのイライラした気持ちが伝わってくる。

その怒り方が現代のバックパッカー[*48]とそっくりなんですよね（笑）。海外で乗り合いバスに乗ったら変な所に連れていかれちゃって「ふざけんなよ、こいつら！」「ああ、もう、なんでこんな所に来ちゃったんだろう」って怒るのに似ている感じで。

清水　高野さんも読んでて感情移入しちゃったんですね。ザビエ

＊46　イエズス会
一五三四年、イグナチウス・デ・ロヨラらが創立したカトリック修道会。宗教改革に対抗するべく積極的な海外布教を行った。

＊47　フランシスコ・ザビエル（一五〇六〜五二）
日本にキリスト教を伝えたスペインの宣教師。イエズス会創立に参加し、一五四二年以降はインドのゴアに布教。四九年に薩摩に上陸し、二年三カ月の日本滞在中、平戸・山口・京都・豊後府内などで布教を展開。中国への布教に向かう途中、広東沖の島で病死。

＊48　バックパッカー
低予算で長期旅行をする人たち。ザック状の荷物（バックパック）を背負った旅

ルもイエズス会の船団を仕立ててやってきたわけではなくて、当時のシナ海交易ルートに乗っかってきただけですからね。その結果、右へ左へと引っ張りまわされている感じ（笑）。

高野　そう。ほんとバックパッカー的な苦労なんですよね（笑）。

清水　ザビエルの手紙をずっと読み進めていくと、途中かなりアジア人に絶望しているんですよ。そんな中、マラッカで初めて出会ったまともな人がアンジロー[*49]という日本人なんです。彼はとても好奇心が強くて勤勉で、よい習性と優れた才能を発揮する、ポルトガル語も八カ月で習得したと書かれている。それもあって、ザビエルは日本に行って布教をしようと思い立つんです。

高野　そこもバックパッカーに似てますよ。旅先で会った人と仲良くなって、その人の国へ行ってしまうなんてよくありますからね。

清水　ああ、でも、それで言うなら、アンジローは薩摩《さつま》（鹿児島県西部）で人を殺したお尋ね者だったから海外に逃げてきていたということがのちに明らかになって。実はアンジロー、けっこうクズなんですよ。

行者が多いことからついた呼び名。

＊49　アンジロー（生没年不詳）
日本人で最初のキリスト教徒。ヤジローとも伝わる。薩摩の人。マラッカでザビエルに出会い、一五四九年、ザビエルをともない帰国。ザビエルの布教を助けた。

高野　この時代、人を殺しているからといって、すごく悪い人だとは決めつけられないけど。

清水　殺人を犯したから心の平安を求めてキリスト教に入信したと主張している研究者もいます。それを裏づける史料はありませんけど。

高野　まあ、そこはあやしいですよね。この宣教師と一緒にいるといいことがありそうだぞと思ったのかもしれないし。

清水　ザビエルはアンジローと鹿児島に上陸して、その後、京都に旅立つんですが、そのときアンジローを鹿児島に残して布教を委ねるんですよね。でも、しばらくしてアンジローは鹿児島から姿を消して海賊になっちゃうんですよ。

高野　そうなんだ。

清水　で、最後は中国辺りで殺されるんですよ。ザビエルは日本を離れた後、広東《カントン》沖の島で病死するんですが、アンジローは鹿児島で真面目に布教活動をしているはずだと死ぬまで信じていたようです。

高野　はあ……ドラマですね。

清水　そこかしこで殺人が行われ、貧困を背景に略奪集団が闊歩《かっぽ》していたのがこの時代の実態ですから、アンジローは良くも悪くも当時の代表的な日本人の一人だったんだと僕は思いますよ（参考：清水克行「歴史・伝統・文化―大学で学ぶ日本史―」、明治大学商学部編『ビジネスと教養』同文舘出版、二〇一四年）。

グローバルヒストリーからこぼれ落ちる世界の広さ

清水　最近、グローバルヒストリー[＊50]が流行《はや》りじゃないですか。『銃・病原菌・鉄』（ジャレド・ダイアモンド著、草思社文庫）とか、『サピエンス全史』（ユヴァル・ノア・ハラリ著、河出書房新社）とかも、広い意味ではそれに含まれるのかもしれない。ああいうのが売れているのは、一つには、研究者がちまちました研究ばかりやっていて、大きなビジョンを打ち出すような本を書いていないからなんでしょうけど、僕はやっぱりちょっと違和感があって。グローバルヒストリーって記述が大味なんですよね。もちろん、疫病とか飢饉《ききん》とか地政学とか人智を超えた要素を歴史叙述

＊50　グローバルヒストリー　従来の国民国家の枠組みやヨーロッパ中心主義を相対化し、地球規模で世界史をとらえようとする歴史学の新潮流。フェルナン・ブローデル『地中海』（藤原書店）、I・ウォーラーステイン『近代世界システム』（岩波書店）などが代表例。

の中に組み込んだという功績は大きいし、そこは面白いと思うんだけど。あんまり出来の良くないグローバルヒストリーって、結局、国家間の主導権争いであり、パワーゲームに終始するじゃないですか。

だけど、この『世界史のなかの戦国日本』は、そういうのからこぼれ落ちる世界に目を向けているし、そういう歴史のほうが僕はリアルで面白いと思うんです。

高野　こぼれ落ちるわりには広い世界ですしね。海に向かって開いているから。

清水　そうそう。年表風に政治的な出来事だけを並べていくと、それだけで世界史がなんとなくわかるような気もするけど、実は国家が押さえているエリアって案外狭い。こぼれ落ちている世界のほうがよっぽど広いかもしれない。

高野　今、アフリカや中東の人たちが地中海を渡ってヨーロッパに行っていますよね。国家は常に人々を管理しようとするんだけど、どうしてもそこからはみ出ていく人たちがいる。それは別に難民になったとか、戦乱で苦しんでいるといった理由だけではなくて、単にあぶれているとか、もっといい稼ぎを得たいといった理由で海外に行く人たちも多いんですよね。

清水　ハイリスク・ハイリターンの一発勝負を求めているわけですよね。

高野　そういう動きというのは昔も今も変わらないんだなと、この本を読んで改めて思いましたね。

第三章　『大旅行記』全八巻
——三〇年の旅の壮大にして詳細な記録

『大旅行記』

イブン・バットゥータ著、イブン・ジュザイイ編、家島彦一訳注
平凡社東洋文庫・全八巻
一九九六〜二〇〇二年／二九〇〇〜三二〇〇円＋税

一四世紀、マリーン朝（現モロッコ）のイスラム法学者イブン・バットゥータ（一三〇四〜一三六八／一三六九／一三七七年）は、二一歳でメッカ巡礼の旅に出ると、以後約三〇年をかけて当時のイスラム世界のほぼ全域を遍歴した。帰郷後、イブン・ジュザイイによって編纂されたのが本書で、アラビア半島、東西アフリカ、アナトリア地方、南ロシア、中央アジア、インド、東南アジア、中国、イベリア半島など広範囲にわたる地域の自然、歴史、政治、社会、文化、そしてさまざまな奇譚が紹介されている（一部は伝聞や他の書物からの引用によって構成された可能性が高い）。正式書名は『諸都市の新奇さと旅の驚異に関する観察者たちへの贈物』。抄訳『三大陸周遊記』（前嶋信次訳）が角川文庫などから出版されている。

家島彦一　やじま　ひこいち

東京外国語大学名誉教授。一九三九年、東京生まれ。慶應義塾大学大学院博士課程中退。文学博士。専攻はイスラム史、東西交渉史。イスラム世界を広く旅し、各地の自然、社会、歴史の現場に身を置いて考える「現地学」の重要性を説く。主な著書に『イスラム世界の成立と国際商業』（岩波書店、一九九一年）、『イブン・バットゥータの世界大旅行』（平凡社新書、二〇〇三年）、『イブン・バットゥータと境域への旅』（名古屋大学出版会、二〇一七年）など。訳注書もイブン・ファドラーン著『ヴォルガ・ブルガール旅行記』（平凡社東洋文庫、二〇〇九年）、イブン・ジュバイル著『メッカ巡礼記』（同、二〇一六年）など多数。

イスラムのパワーと慈善思想が可能にした大旅行

高野　前回は、中世日本の辺境が実は外に開かれていて、国際社会のエントランスになっていたという話をしました。じゃあ、当時の国際社会はどんなふうに広がっていたのかというわけで、今回はイブン・バットゥータの『大旅行記』を選んだんですけども。この本、全八巻あって、すばらしく長いんですね（笑）。

清水　この機会がなければ、僕もおそらく読むことはなかったと思いますよ。イブン・バットゥータと足利尊氏[*1]が一歳違いということも初めて知りました。高野さんは読んでみて、どうでした？

高野　まず、イスラムのパワーを感じましたね。なにしろ、どこまでも「イスラムづたい」で行けちゃうでしょ。中東だけでなく、北アフリカも中央アジアもインドも東南アジアも。中国にもイスラム商人がいて居留地があった。ということは、そういう地域にはイスラムの戒律に沿ったハラルフード[*2]があったっていうことじゃないですか。外国に行ったムスリムが一番困るのは食べ物

＊1　足利尊氏（一三〇五～五八）
室町幕府初代将軍（在職一三三八～五八）。後醍醐天皇が鎌倉幕府打倒を目指して挙兵した際、それに呼応して六波羅探題を滅ぼした。その後、建武政権に背き、光明天皇（北朝）を擁立し、室町幕府を開いた。なお、清水が書いた尊氏の伝記に『足利尊氏と関東』（吉川弘文館、二〇一三年）がある。

＊2　ハラルフード
イスラム戒律に沿った食べ物。一般的には、豚肉、酒、イスラムの作法に従わないで屠畜された動物の肉などが少しでも含まれると、ハラルフードとみなされないが、国や地域、時代、宗派や個人によって解釈にはかなりズレがある。

なんだけど、その点の心配もなかった。それにどこへ行っても、たいていアラビア語が話せる人がいて、言葉でも困らない。今のアメリカ人がどこに行っても英語が通じて、マクドナルドのハンバーガーが食べられるみたいな感じですよね。

清水　イブン・バットゥータが聖地メッカ[*3]の巡礼をきっかけに三〇年間も旅を続けられた経済的裏づけとしては、イスラムの慈善思想もありますよね。

この本にはメッカのことも詳しく書いてあって、あそこでは、眠っている人を見つけると、その人が目をさますまで口にお金を入れ続けるとか、孤児が市場で買い物客の荷物を運ぶのを手伝うと駄賃を与えるとか、とにかくみんながお金を放出する。あまりに喜捨《きしゃ》が多いので金価格が下落したというぐらい。

日本の室町時代にも、お金持ちは貧しい人に相応に恵んであげるべきだという「有徳《うとく》思想」[*4]があったんですけど、スケールが違いますよね。慈善思想が習慣化して社会が回ってる感じ。だから、物乞いでもメッカに来れば、なんとか生きていける。

高野　みんながメッカを目指す仕組みになっているんですよね。

＊3　聖地メッカ
サウジアラビア中西部の都市。ムハンマドの生誕地で、イスラム教の最高の聖地。カーバ神殿があり、全ムスリムの巡礼の地。

＊4　有徳思想
日本中世独特の社会経済思想。経済的な利得と人格的な徳望を同一視し、経済的な富裕者を人格的な優良者と認識する福徳一致思想。経済力のある者は応分の社会貢献をすべきだとする喜捨強制の思想ともなった。

＊5　スーフィー
清貧を良しとし、修行や思索によって神に近づき、最終的には無我と恍惚の境地において神と一体化することを目指す人々。名称は修行者が羊毛（スーフ）の衣

もう一つ、僕が読んでいて印象的だったのは、この時代はイスラムの神秘主義者「スーフィー」[*5]の全盛期だったんだということですね。当時は、スーフィーが布教の原動力になっていて、彼らの修道場[*6]（ザーウィヤ）が至る所にあって。

清水 旅行者はそういうイスラム施設をたどっていけば、泊まれるし、食べ物ももらえて、長旅が続けられちゃう。

高野 特にイスラムの学識がある人はすごくもてなされて。イブン・バットゥータもイスラム法学者ですけど、旅立ちのときは二一歳の若造だったのに、各地で歓待されてるんですよね。嫁をもらったりとか。

今はワッハーブ派[*7]に代表されるイスラム厳格主義が全盛で、奇跡や超能力を肯定する傾向のあるスーフィーは肩身が狭いんですけど、この頃はそうじゃないんですよね。イブン・バットゥータ自身もスーフィーだし。話はずれるけど、僕はこの人の超能力は記憶術だと思うんですよ（笑）。

清水 ああ、途中でトラブルに遭って、身ぐるみ剝がされたりもしていますもんね。メモも残っていないはずなのに、帰国するま

をまとっていたことに由来すると言われるが、諸説ある。

*6 修道場
スーフィーの修行する道場。旅人や巡礼者は無料でこの施設に寝泊まりし、食事も与えられた。多くの場合、これらの修道場は土地の有力者の寄付によって運営されていた。

*7 ワッハーブ派
一八世紀半ばアラビア半島に起こったイスラム復古主義的な改革運動。初期のイスラムの教えから逸脱する要素を厳しく批判、排除する。現代はサウジアラビアやカタールなどワッハーブ派を信奉する湾岸諸国が世界各地にモスクやマドラサ（宗教学校）を建設、世界

で旅の情報が頭の中に残っているんですからね。

高野　イブン・バットゥータはダマスカス[*8]でイブン・タイミーヤ[*9]とも会っているんですよね。

清水　それはどういう人でしたっけ？

高野　厳格主義で知られるハンバル派で、スーフィー的な神秘主義やイスラム法学者の世俗的学問傾向に反対していて、コーランや預言者ムハンマドの教えに忠実であれ、みたいな主張をしていた人です。

清水　イブン・バットゥータのスタンスとは真反対？

高野　もう真反対。要するにその、イブン・バットゥータって足利尊氏の……。

清水　一歳上ですね。

高野　だから、たとえて言うと、イブン・タイミーヤは日蓮[*10]みたいな人なんです。排他的で、キツいことを言うので、多くのイスラム法学者や政治権力と対立していて、この時期は牢獄《ろうごく》に入れられていたはずだと、訳注者の家島彦一《やじまひこいち》さんは注で解説していますね。イブン・バットゥータはイブン・タイミーヤがダマスカスで

のイスラムが厳格化する大きな要因となっている。

＊8　ダマスカス
現在のシリア・アラブ共和国の首都。三〇〇〇年以上前から中東世界の中心地の一つ。

＊9　イブン・タイミーヤ（一二六三～一三二八）
イスラム法学者。現在のシリアに生まれ、ダマスカスで没した。コーランとスンナ（預言者ムハンマドの慣行）こそ信仰の基本であるとしてその原点に帰ることを強調する。彼の思想は、ワッハーブ派を生み出し、近現代のイスラム改革運動の出発点となっている。

説教するのを聞いたと書いていているけど。

そのイブン・タイミーヤの教えに強い影響を受けて一八世紀に登場したのがワッハーブ派で、今はサウジアラビアの国教になっていて、他の湾岸諸国でも強い勢力をもっているんですね。アルカイダ[*11]や「イスラム国[*12]（ＩＳ）」の信仰もこの教えの延長線上にあって、各地にあるスーフィーの聖者の廟《びょう》を壊して回っているわけです。つまりイブン・バットゥータの時代とは立場が逆転しているんですね。

寛大すぎて暴虐すぎる王の支配

清水　僕がこの本の中で一番読み応えがあるなと感じたのは、インド（トゥグルク朝[*13]）について書かれている第五巻ですね。まず入国にあたって、イブン・バットゥータは王様を訪ねて贈り物を差し出しますよね。そうすると、大金とか礼服とか馬とか、あり余るほどのものが下賜《かし》されるじゃないですか。だから借金してでも、まず贈り物を買う。

＊10　日蓮（一二二二～八二）
鎌倉新仏教の一つ、日蓮宗の開祖。南無妙法蓮華経の題目を唱えることによって救済されると説いた。辻説法によって他宗を排撃し、国難を予言して『立正安国論』を著し、鎌倉幕府より処罰される。佐渡流刑後、甲斐国に久遠寺を開いた。

＊11　アルカイダ
オサマ・ビン・ラディンが率いた国際的なイスラム過激派組織。二〇〇一年のニューヨーク同時多発テロで中心的役割を果たした。世界各地の過激派組織を傘下においている。

＊12　イスラム国（ＩＳ）
アルカイダから分かれたイスラム過激派勢力。二〇一

高野　贈り物を調達してくれる商人がいるんですよね。彼らはその後、「借金返せ」ってイブン・バットゥータに返済を迫ってくる。

　インドでは入国のとき「永住」が条件になるというのも面白かった。そんなイミグレーション、初めて知った（笑）。

清水　入国した以上は、王様の人徳の前にひれ伏して政府の構成員になる。イブン・バットゥータは八年間、法官として仕えますけど、その間に王様から下賜されたものは基本的にインド国内で消費しなくちゃいけなかったんでしょうね。

高野　そのインドの王様スルタン＝ムハンマド[*14]（ムハンマド＝ビン＝トゥグルク）は、この本に出てくる人たちの中で最高のキャラですよね（笑）。

清水　名脇役ですよね。「この王は、人に恵み与えることを誰よりも好まれ、［時にまた他人の］血を流すことを最もお好みになっていた。従って、彼の門前からは、金品を恵まれた乞食たち［の列］が絶えず、時にまた、生ける命を絶たれた者たち［の死体］が絶えなかった」と書かれている。尋常じゃないですね。

四年に指導者のアブー・バクル・アル・バグダーディが預言者ムハンマドの後継者が統治するカリフ制の国家樹立を宣言。一時はシリア、イラクの広い地域を支配下に置いた。米英仏を中心とした有志連合の空爆やシリア、イラクの政府軍、さらに他の武装勢力の攻撃により、一七年一〇月には壊滅に近い打撃を受けている。

＊13　トゥグルク朝（一三二〇～一四一三）　インドのイスラム王朝（デリー・スルターン朝）の一つ。ハルジー朝にかわってギヤース・ウッディーン・トゥグルクが建国し、デリーを王都とした。九代続いたが、チムールの侵攻をうけ、サイイド朝に滅ぼされた。

高野　振れ幅がめちゃめちゃでかい。

清水　ある日、イブン・バットゥータが宮殿に出かけると、地面に白い塊のようなものが落ちていて、「これは何か」と周囲に尋ねると、「それは三つに切断された男の胸の部分です」。

高野　宮殿の門前に処刑された死体が投げ出されているんですよね。

清水　もうやめてくださいっていうぐらい残虐な刑罰がいっぱい出てくるんですが、なかでも、このスルタンの得意技は、生きたままの人の皮を剝いで、皮にわらをつめてさらすという刑で、何度もやってますよね。日本ではケガレ観念のほうが強くて、こういう残酷刑は発達しないでしょう。

あと、首都デリーの住民が彼を批判する紙片を宮殿に投げ込んだら、住民をみんな強制的に引っ越しさせて、都を破壊しつくすじゃないですか。

高野　首都をダウラト・アーバード[*15]（ダウラタバード）に移転してしまうんですよね。

清水　しかも、やることがすさまじくて、「残っている者すべて

＊14　スルタン＝ムハンマド（一二九〇頃～一三五一）　ギヤース・ウッディーン・ムハンマド・シャー二世、ムハンマド＝ビン＝トゥグルクという名でも知られる。トゥグルク朝二代目のスルタン（在位一三二五～五一）。彼の在位中、トゥグルク朝の版図は最大となり、北はヒマラヤから南はインド南端のコモリン岬まで支配が及んだ。

＊15　ダウラト・アーバード　インド西部、マハーラーシュトラ州の都市。デリーから直線距離にして一二〇〇キロほど離れている。

を捜し出すべし」と命じて、路地で見つかった乞食らしき二人のうち、一人を大型の石弩砲《マンジャニーク》[16]でぶっ飛ばし、もう一人をダウラト・アーバードまで四〇日かけてひきずっていくように命令する。そして、廃墟《はいきょ》と化したデリーの町を宮殿の屋上から眺めて、「ああ、これでやっと、わしの気分も落ち着き、せいせいしたわい！」と言う。

高野　暴君、ここに極まれり。トゥグルク朝はトルコ系のイスラム政権で、それがヒンドゥー教徒のインド人たちを征服して支配しているわけですよね。だから、かなり荒っぽくやらないと統治できなかったんでしょうね、きっと。

清水　ただ、先日、この話を、読売新聞の読書委員[17]をご一緒していて世界史にも詳しい出口治明[18]さんにしたら、「あれはかなり計画的な新都市建設だったのではないか」と言われました。ちなみに出口さんも『大旅行記』全巻を通読して、興味をもってダウラタバードに実際に行ってしまったそうです。この首都移転と強制移住については、訳注者の家島さんも、スルタンの一時的な思いつきではなくて、周到な準備の末に実行されたと説明しています

＊16　石弩砲
古代から中世にかけて使われた据え置き式の大型弩砲（どほう）。石弾や大型矢を発射して、白兵戦の支援や攻城兵器として使用した。

＊17　読売新聞の読書委員会
二〇名前後の作家・研究者などで構成され、毎週日曜日に交代で紙面に書評を発表する。隔週で委員会が開かれ、書評対象書目について討議を行う。任期は二年。他紙では書評委員と呼ばれることが多い。清水は二〇一六年一月～一七年一二月在任。

＊18　出口治明（一九四八～）
ライフネット生命保険創業者。立命館アジア太平洋大

ね。

高野　ひょっとしたら、イブン・バットゥータにはそのへんの政策意図がちゃんと伝わっていなかったのかもしれませんね。

清水　それで思い出したんですが、豊臣秀吉が天下統一後に、側室の一人が陰陽師[*19]と密通したことに怒って、京都中で陰陽師狩りを行って、九州や尾張《おわり》（愛知県西部）の荒れ地に陰陽師を大量移住させたというヘンテコなエピソードがあるんです。これについても、従来は専制君主の暴挙という文脈で語られてきたんですが、現在の研究では、朝鮮出兵で農民の多くが渡海してしまった結果、荒廃した九州や尾張の農地を復興させるための植民政策だったのではないかと言われています（参考：三鬼清一郎「普請と作事」『日本の社会史8』岩波書店）。集落や都市を人為的に移動するって、そうそう簡単にできることではないだけに、たまにそれを実現する権力が現れると、往々にして意図が曲解されたり、変な尾ひれが付いたりするのかもしれないですね。

学（APU）学長。三重県生まれ。世界史を中心に幅広い教養をもつ読書人として知られる。著書に『人生を面白くする本物の教養』（幻冬舎新書）、『「全世界史」講義』Ⅰ・Ⅱ（新潮社）など多数。

***19　陰陽師**　古代～中世に陰陽道に基づき吉凶を占い、その対処のための呪術作法を行う宗教者。

外部の力を借りてローカルな神を克服する

清水　イブン・バットゥータはスルタン＝ムハンマドに対して愛憎相半ばしているところがあるのか、この王は残虐な一方で、非常に寛大な人物でもあって、ムスリムとしても折り目正しくて、というふうに、英雄っぽくも描いていているんですよね。

高野　織田信長みたいですね。

清水　あ、ほんとそういう感じ。宣教師のルイス・フロイス[*20]が書いた『日本史』に出てくる信長の描写と、イブン・バットゥータの描くスルタン＝ムハンマドは似ているんですよ。信長もキリスト教徒にやさしくて、新しい時代をつくってくれそうな人物なんだけど、ちょっと人間的には気が短すぎて感心しない、という印象をフロイスはもっていますね。

高野　スルタン＝ムハンマドがイスラムの権威をすごく大事にするところも興味深い。八〇年も前にモンゴルに滅ぼされたアッバース朝[*21]のカリフ[*22]が絶対的だと信じて疑っていなくて、エジプトに

＊20　ルイス・フロイス（一五三二～九七）
ポルトガル人のイエズス会宣教師。一五六三年に来日し、畿内・九州で布教を展開。織田信長や豊臣秀吉の動静や日本社会の情勢を記した著書『日本史』をまとめた。

＊21　アッバース朝（七五〇～一二五八）
イラクを中心に西はイベリア半島、北アフリカ、東は中央アジアまで支配したイスラム王朝。通商、農業灌漑、繊維産業などが発達し、この時代に東西交流は隆盛を極めた。首都バグダッドは産業革命以前、最大の都市だったとも言われる。

＊22　カリフ
イスラム共同体もしくはイ

いるその子孫に貢物を贈って、インドの代表統治権を授けてもらったりとかして。

　こういうのを見ると、日本の天皇制もあんな感じで広まっていったんじゃないかなって思うんですよ。日本国内の辺境にいる人たちも、天皇を見たことはないけど、都にはそういう方がいらっしゃる、逆らっちゃいけないって思うようになって、天皇制は急速に津々浦々にまで広まっていったということでしょう。やっぱり日本においては、天皇制っていうのは宗教だったんじゃないかなっていう気がしたんですよね。

清水　この本には、マルディヴ[*23]（モルディブ）の人たちがイスラムに改宗した理由が書かれている箇所があるじゃないですか。僕はむしろこっちのほうに天皇制の役割に近いものを感じました。海のほうからやってくる魔物に対して人々は生娘をいけにえとして差し出していたんだけど、あるとき旅のスーフィーが現れてコーランを朗誦して魔物を追い払った。それで、モルディブの人たちはイスラムに改宗した。

高野　タイやミャンマーの場合だと、仏教がそんなふうにして広

スラム国家の最高権威者。元来、神の使徒である預言者ムハンマドの後継者を意味する。一九二四年、オスマン帝国のカリフ制が廃止されて以降、現在に至るまでカリフは不在である。

＊23　マルディヴ　インド洋北部のサンゴ礁の諸島。南北一二〇〇キロにわたり約二〇〇〇の島々があり、現在では漁業や観光業が盛ん。

まっていくんですよね。

清水　ええ。このモルディブの話は、スサノオ[*24]が出雲のヤマタノオロチを退治する伝説とも似ていますよね。スサノオの伝説は、新たな王権が土着の神や迷信に縛られている人たちに、より普遍的な価値観を教えて、支配を広げていくという図式ですね。近江国《おうみのくに》（滋賀県）にものすごい巨木があって、この木の陰になる村々では百姓が田畑をつくることができないし、切り倒すこともできない。そこで百姓が天皇にそのことを伝えると、天皇から使者が派遣されて、無事に切り倒すことに成功する。おかげで村々は田畑をつくって豊かになったという（巻三一第三七話）。これも、土俗の霊的存在に縛られていた人たちを、天皇が巨木を切ることで文明化したということですよね。

ちなみに『今昔物語集』[*25]にも同じような話があるんですよ。

高野　そういえば（笑）、奄美《あまみ》のケンムン[*26]っていう妖怪について調べていたときに資料で見た話があって。ケンムンは、ガジュマルとか、アコウといった巨木を住処《すみか》にしているんですね。で、ある原っぱに巨木が生えていて、村の人たちはケンムンが怖いから、

＊24　スサノオ
素戔嗚尊。『古事記』『日本書紀』『出雲国風土記』に見える神。イザナギの子で、アマテラスの弟。その粗暴さのために高天原（たかまがはら）を追放され、出雲国でヤマタノオロチを退治する。もともとは出雲系氏族の祖神だったのではないかと推定されている。

＊25　『今昔物語集』
平安後期（一二世紀初め）の説話集。作者不明。内外の説話一〇四〇話を編集した日本最大の説話集。民衆生活史の史料としても価値が高い。

＊26　ケンムン
奄美大島の妖怪。ケンモンとも言われる。高野は『アジア未知動物紀行』（講談

その土地を使えない。ところが、第二次世界大戦後、闇市とか密輸みたいな違法行為が増えたんで、GHQ*27（連合国軍総司令部）の命令で新しく刑務所をつくらなきゃいけなくなった。で、その土地を切り開くことになったら、村の人たちは半分恐れながらも、半分喜んで木を切ったっていうんですよ。「マッカーサーの命令だから切ってもいいいんだ」って（笑）。

清水　新たな強大な権力がやってきたおかげで、それにかこつけてローカルな神を乗り越える。ローカルな神って、やっぱり克服するのはそう簡単じゃないんですよ、きっと。

高野　そうそう。ローカルな神って、必ずしもいい神じゃなくて、怖かったりもするんで、それを克服するために外の力を借りるんですね。

主人公の遭難と遠大なる伏線回収

清水　イブン・バットゥータはインド滞在中に、とうとうスルタン＝ムハンマドに謀反の疑いをかけられて、一時、軟禁されちゃ

社文庫、二〇一三年）においてケンムンのルポを書いている。

＊27　GHQ
第二次世界大戦後、連合国軍の日本占領中に設置された総司令部。最高司令官はアメリカの陸軍元帥であるダグラス・マッカーサー（一八八〇～一九六四）。

いますよね。まあ、その前から、ヤバい所に来ちゃったなと感じていただろうけど。

高野　あんな暴虐なスルタンに長く仕えていたら、処刑されるのは時間の問題っていう気がしますよ。

清水　うん、長くはない。ところが、釈放されて隠遁《いんとん》生活をしていたら、スルタンの命で中国に使者として派遣されることになり、港に向かう道中で武装した異教徒の集団に襲われて、急転直下、捕虜になってしまう。あの展開は映画的ですよね。

高野　そうそう。それまでは庶民の暮らしなんて、あまり描かれていなかったのに、急に村とかに入っていくんですよね。

清水　集団の一味が彼を殺そうと相談しているくだりとか、迫力がありますよね。

高野　イブン・バットゥータも、なんとか助けてもらおうと訴える。

清水　あらかじめ見張り役に自分の下着の両袖を切り取って渡しておいて、もし自分が逃げても、見張り役が「逃げられました」と言い訳できるようにしておいてあげるとか、ディテールも細かい。

高野　捕まった場所から逃げるときはそういう手を使うんだという知識を当時の人たちはもっていたんでしょうね。

清水　この遭難話は第六巻に出てきますけど、イブン・バットゥータが一人で逃走しているときにスーフィーに助けてもらうじゃないですか。そのスーフィーは、実は第一巻で描かれている、旅の始まりの頃にエジプトで出会ったスーフィーの長老の門弟なんですね。しかもその長老スーフィーはイブン・バットゥータに、要約すると「そなたはメッカ巡礼を遂げ、メディナ[*28]にある預言者ムハンマドの聖墓を参拝した後、イエメンとイラク、トルコ、インドを遍歴し、インドには長く留《とど》まるに違いない。インドでは私の門弟と会うだろうが、そのとき彼はそなたに降りかかっていた危険を取り除いてくれるだろう」って予言しているんですよね。こんな長い旅行記で、ちゃんと伏線回収ができているなんて、感心しました。

高野　二重の意味で奇跡ですよね（笑）。

清水　ところが、中国に向かおうと船出した後、嵐で船が座礁、

＊28　メディナ
サウジアラビア西部の都市。ムハンマドはこの地で没し、彼の墓がある。イスラム教の聖地。第三代カリフまでイスラム国家の首都であった。

大破して、随行員の多くは死んでしまうし、中国皇帝への贈り物も失ってしまう。

高野　ああなったら、もうインドへは絶対に帰れないですよね。だって、あのスルタンの命令で中国に派遣されたんだから。うっかり帰ったら、責任を問われて腰から真っ二つの刑ですよ。

清水　イブン・バットゥータ自身、スルタンに追及されたらどうしようという不安がよぎって、中国渡航をいったんあきらめ、インドに帰るのもやめちゃうんですね。

女好きの旅行家がたどり着いたリゾートアイランド

清水　あと、これも読んでて感じたことなんですけど、イブン・バットゥータって、かなり女好きですよ。アラブ圏を出てインドに行く前、アナトリア[*29]を旅している頃から羽目を外しだして、女奴隷をいっぱい買って愛人にしていますよね。彼の旅の一行は何人の女奴隷で構成されているんだろうって思って、本を読みながら数えてたんですけど、途中から数が合わなくなって。モノみた

＊29　アナトリア
小アジアをさす古代の地名。地中海と黒海の間に突き出た半島の呼び名。現在のトルコの大部分を占める。

いに扱って、買ったり売ったりしているのがちょっと怖くもある。彼女たちはムスリムなんですか。

高野　どうなんでしょう。ムスリムは神の下で平等なので奴隷じゃないはずだけど、私のアラブ人の友人は、「昔から敵のことは『あいつらは本当のムスリムじゃない』と言って戦争するのがイスラム世界の常套《じょうとう》手段だから、戦争でムスリムの奴隷も生まれていた」って言ってますね。

清水　このあいだ、我が家に届いた学会誌に「初期イスラーム時代の奴隷女性と境域の拡大」（清水和裕著、『歴史学研究』九五〇号）という論文が載っていて、それによると、やはりイスラム教徒を奴隷にすることは原則的にはないみたいですね。ただ、奴隷といっても「家族の一員」であるという認識があったので、女奴隷に売春をさせて主人が金をもうけるのは厳禁だったそうです。イブン・バットゥータも、主人が女奴隷に売春をさせている地域を通過したとき、そういう行為についてかなり批判的な書き方をしていますよね。

高野　女奴隷は歌ったり踊ったりのエンターテイナーで、日本の遊女[*30]みたいな人たちも大勢いたようですね。それから戦争捕虜が多かったので、教養レベルの高い人もいたらしくて、知識人のいい話し相手になったかもしれないと、そのアラブ人の友人は言ってました。

清水　それにしても、イブン・バットゥータは、狭義のイスラム世界を出ていってから解放感に浸り切ってますよね。インドから中国に向かう船を手配するときは、女奴隷と一緒だからという理由で個室を要求するし。

高野　そうそう（笑）。

清水　中国行きをやめた後、モルディブに行きますけど、そこでも四人の妻と数人の女奴隷と暮らしているんですよね。順繰りに夜を約束した妻とともに寝るのが習わしだったと自慢している。

高野　モルディブでは宰相から女奴隷をもらうじゃないですか。そのとき宰相の従者に「マルハタ[*31]のほうがよかったら、そうするけど」って言われて、「マルハタがいい」って即答するんですよね（笑）。

清水　そう（笑）。その前に、マルハタの女性は性行為にかかわ

＊30　遊女
歌舞により客を楽しませ、性的な奉仕も行う職業の女性。日本では、近世になると売春婦としての性格が強まるが、古代～中世では遊芸と教養に通じた存在ともされた。

＊31　マルハタ
現在のインド・マハーラーシュトラ州に住む人々を当時こう呼んでいた。

るさまざまな秘技をもっているという記述が二度も出てくるから、よほど気に入ってたんでしょうね。とにかく、この人、モルディブが好きですよね。文章も生き生きしている。

高野　人々はきれい好きで、街路も清潔だったみたいだし、女奴隷のことは別にしても、モルディブって、昔からリゾートアイランドだったんですね（笑）。

ソマリ人はなぜコメを食べ、腰巻をするのか

高野　前に『世界の辺境とハードボイルド室町時代』の対談をしたとき、ソマリ人はホストとゲストの関係をとても重視していて、ホストはゲストを徹底してもてなす、という話をしたじゃないですか。

この本にはその理由がわかるヒントが書いてあって、マクダシャウ（現在のソマリアの首都モガディショ）では、外国船が港に着くと、その船でやってきた商人は必ず町の誰かの家の客になって好きなだけ滞在して、その間に家の主は商人が持ってきた品物

を売りさばく、とありますよね。

清水　一宿一飯の恩義みたいな互酬的な関係の中から経済取引が生まれているわけですね。

高野　解説で訳注者の家島彦一さんは、これを「客人と主人との関係」を結ぶ商業形態と説明しているんですが、この「主客関係」の文化が今でもソマリ社会には根強く残っているから、ホストがゲストを大事にするのかなと思ったんですよ。

清水　なるほど。イブン・バットゥータの時代からの伝統なんですね。

高野　あと、ソマリアの人たちはバターでコメを炊いて食べる、とありますよね。中東や東アフリカではあまりコメはとれないんで、たいてい小麦粉でつくったナンとかチャパティとか、トウモロコシの粉でつくったウガリなんかを食べるのに、今でもソマリ人はよくコメを食べるんです。なんでだろうなって不思議に思っていたんですけど、この時代からずっとコメを食べていたんですよね。要するにインド文化圏の一部としてすでにコメが流通していた。

清水　イブン・バットゥータ本人はあまりコメが好きじゃないんですよね。インドの南西部でもコメばかり食べさせられて、ずっとパンを食べていない、コメは水がなければ飲み込めない、とぼやいている。

高野　われわれからすると逆なのにね。で、ソマリ人の男性は腰巻をしているとも書いてありますけど、ソマリ人は今でも腰巻をしてて、ふだん外ではズボンをはいていても、家に帰ると腰巻に着替えるんです。そのほうがリラックスするって言って。

清水　それはアフリカでは一般的な服装じゃないんですか。

高野　一般的じゃないですね。むしろインドとかミャンマーと同じで、実際、ソマリ人の腰巻はインド製なんです。だから、そこもイブン・バットゥータが旅した頃と変わってない。

　でね、家島さんの解説を読むと、モガディショはインドのスルタン゠ムハンマドの支配下にあったっていうんですよね。これもけっこう驚きで。かつてソマリランドはイギリスの植民地だったんですけど、政府直轄ではなくて、インド総督の統治下にあったんですね。それを知ったときは、下請けに統治させるなんてひどい話だなと思ったんですけど、昔から政治的にもインドの影響下にあったんですね。

清水　といっても、中世にそうだったからイギリスもそれにならったというわけではないですよね。

高野　アラビア海でつながっていて近いから、統治しやすいということなんでしょう。陸路だと遠いけど、船ならすぐに行けますから。

ベンツの一大産地だったキプチャク草原

清水　さっき高野さんは主客関係によって成立する交易について話されましたけど、「沈黙交易」っていうのもあるじゃないですか。

高野　家島さんは、主客関係によって成立する交易は沈黙交易の一歩進んだ段階というふうに解説していますね。

清水　この本にはその沈黙交易の話も出てきますよね。イブン・バットゥータは実際には訪れていないけど、南ロシアの北方に

「暗黒の地」と呼ばれる地域があって、そこを旅する商人は持ってきた商品を置き去りにして宿営地に引き返す。で、翌日、商品を置いた場所に行ってみると、「暗黒の地」の住民が商品を取って、代わりに毛皮類を置いていたりする。

高野　お互いに接触するのが怖いから、交易品を置いていくわけですよね。

清水　沈黙交易は前近代には世界各地で見られたらしく、『日本書紀』*32にも例が載っているんですよ。飛鳥時代ですけど、阿倍比羅夫《あべのひらふ》*33が北方の「粛慎《みしはせ》」*34という異民族と対峙《たいじ》するんです。そのとき、最初に海岸に財物を置いておくと、「粛慎」が船でやってきて品物を持っていくんですが、しばらくすると元に戻すんです。

高野　交渉不成立なんだ。

清水　その瞬間から、戦争だっていうんで攻撃が始まる（斉明天皇六年三月条）。だから、戦争と交易と儀礼的な贈与が渾然《こんぜん》一体となっていて。でも、知らない人同士の接触って、もともとそういうものだったのかもしれないですよね。

高野　なるほど。この本の交易について書かれていた箇所では、

＊32　『日本書紀』
最初の勅撰歴史書。全三〇巻。舎人親王の主宰で七二〇年成立。神代から持統天皇の時代までを漢文編年体で記す。

＊33　阿倍比羅夫（生没年不詳）
飛鳥時代の武将。斉明天皇の時代、たびたび日本海沿岸の蝦夷・粛慎の討伐に向かう。六六三年の白村江の戦いにも従軍した。

＊34　粛慎
日本古代の東北地方に住んでいた人々の呼称。『日本書紀』欽明・斉明紀に見える。元来は中国史書で東北辺境民をさす言葉だが、日本の場合は蝦夷の一種や、ツングース系族などとする説があり、実体は不明。

キプチャク・ハーン国[*35]からインドに馬を輸出していたというのも、僕にとっては驚きでした。当時のイスラム世界では、真珠と乳香[*36]と馬が主要な交易品だったようですけど、小さくて貴重品の真珠や乳香はともかく、馬とはね……。イブン・バットゥータは六〇〇〇頭もの輸出用の馬が隊列を組んで草原を進んでいくのを見ている。

清水　インドには乗馬用の馬はいなかったんですかね。

高野　そうなんじゃないですか。馬は涼しい草原じゃないと育ちにくいから。

清水　ああ、そうだ。

高野　イブン・バットゥータは、インドの人々はその馬を競走用とか儀式での早駆け用に使うために購入するのではない、戦闘のとき馬にもよろいを飾って、自分たちの所有する馬がいかに勇猛で歩態が美しいかを自慢し合うのだ、と言っていますね。

清水　それは日本の中世と似ています。『世界の辺境とハードボイルド室町時代』の対談のときもお話ししましたけど、戦国時代の馬は高級外車みたいなものでしたから、実際の戦闘場面では乗

＊35　キプチャク・ハーン国
一三世紀、チンギス＝ハーンの孫バトゥが建てた国。東はカザフ草原からアルタイ山脈を経て西はクリミア半島まで、広大な領土を有した。首都のサライ（現在ロシア南西部のアストラハン州）は中世において世界最大級の都市だった。

＊36　乳香
カンラン科の植物の樹脂で、古代エジプト時代から香として珍重された。中近東やアフリカ東北部で産出される。

＊37　イスラム国家の使者
一四〇八年、「南蛮船」が若狭国に着岸し、「亜烈進卿」という「帝王」からの貢物として黒象などが室町

らないんです。

高野　そう、馬はベンツなんですよね。

じわじわ伝わるイスラム、鉄砲玉を送り込むキリスト教

高野　イブン・バットゥータの時代、イスラム世界は東南アジアにまで広がって、イスラム商人は中国にも居留していたわけですよね。だけど、日本にはイスラム教は伝わらなかった。

清水　ああ、でも、室町時代、若狭国《わかさのくに》（福井県南部）の小浜《おばま》に東南アジアのイスラム国家の使者*37が来ているんですよ、お土産に象まで連れて。

　あと、楠葉西忍《くすばさいにん》*38という室町時代の貿易商人がいるんですが、その人のお父さんはアラビアから渡来してきた可能性があるらしいです。異国の見聞が評価されたのか、足利義満*39から重用されたと、史料には書かれています。イスラム教を日本にも広めようとは思わなかったのかもしれないけど。

高野　一人だったら、モスクをつくるっていうわけにもいかない

幕府に献上された（「若狭国税所今富名領主代々次第」）。これを「アラジン卿」と読んで、中東の人名とする理解もある。一方でスマトラ島南東部のパレンバンの人物とする理解もある（参考：小葉田淳『中世南島通交貿易史の研究』刀江書院）。

*38　楠葉西忍（一三九五～一四八六）
室町時代の貿易商人。大和国に住み、興福寺大乗院の尋尊（じんそん）と交流があった。父は「天竺人」の「ヒジリ」と伝えられ、西忍の幼名も「ムスル」。父の生国はインド、ジャワ、アラビアなど諸説あって確証はない（参考：田中健夫『中世海外交渉史の研究』東京大学出版会）。

し。

清水　でも、お祈りはしたいですよね。

高野　してたんじゃないですか。

清水　西忍のお父さんが？　金閣寺の隣あたりで？

高野　してたと思いますよ。ムスリムは不安になると、日頃にも増して信仰心が厚くなってお祈りをするんですよね。少なくとも僕の周りの人たちを見ているとそんな印象を受けます。

清水　ああ、知らない土地に来たからこそ。

高野　熱心にお祈りしてたんじゃないかな。そういう人たちが五〇人ぐらい集まると、モスクが欲しいなっていう話になる。

これも家島さんが解説していることですけど、イスラム教の伝播の仕方には三通りあって、一つはイスラム教徒による軍事的な征服と王権の成立、二つめは、スーフィーが奇跡を起こしたりして、その土地の民間信仰に食い込んでいくという伝わり方、三つめは、イスラム商人が居留してモスクができて、そこからじわじわ広がっていくっていうパターンですよね。

清水　そうすると、日本では三番目のパターンで浸透する可能性

＊39　足利義満（一三五八～一四〇八）
室町幕府第三代将軍（在職一三六八～九四）。有力守護や朝廷・寺社の力を抑えて室町幕府の基盤を確立した。日明貿易を開始し、能楽の保護も行った。京都北山に山荘（のちの鹿苑寺金閣）を造営し、北山文化を主導した。

＊40　「肉より魚」派
「私は魚をすべての肉類よりも好むので、魚以外のものを食べなかった」（『大旅行記3』一七一頁）

＊41　芋パスタ
「里芋の根で粉を精製し、その粉を使ってマカロニに似たものを作ると、さらにそれとココ椰子の実のミルクとを混ぜて調理する。そ

はあったわけですね。でも、いかんせん渡来者の絶対数が少なかったのかな。結局、キリスト教が追い越しちゃったわけですね。

高野　キリスト教には宣教師っていう鉄砲玉のような仕組みがあって、フランシスコ・ザビエルみたいに単身乗り込んで布教しますからね。

清水　確かに。宣教師は辺境に対しては強いですね。

コロンブス以前、ハシシはどうやって摂取したか

清水　この本にはいろいろな食べ物の話も出てきますよね。一応、調べたんですが、イブン・バットゥータは「肉より魚」派[*40]ですね。

高野　そうなんだ（笑）。

清水　好物はモルディブの芋パスタ[*41]で、嫌いなものは馬乳酒[*42]らしいです。馬乳酒はキプチャクで飲まされますけど、一口飲んで二度と飲まなかったと書いています。イスラム世界のわりには、酒はけっこう飲まれていたようですね。

高野　トルコのほうはハナフィー派[*43]で、蒸留酒はもちろんダメだ

れは最高に旨い料理の一つで、私の大好物の料理であったので、「群島に滞在中」いつも食べていた」（『大旅行記6』二〇〇頁）

＊42　馬乳酒（キミッズ）　中央ユーラシアの遊牧民が馬乳からつくるアルコール飲料。馬の生乳を革袋や木桶に入れて発酵させてつくる。「私は、以前にはキミッズを飲んだことがなかったが、それを受けぬわけにはいかなかったので少し味わってみた。しかし美味しくなかったので、それを私の同行者の一人に回してしまった」（『大旅行記4』四一頁）

＊43　ハナフィー派　イスラムのスンナ派四大法学派の一つ。イスラムは法

けど、果実を発酵させた軽い発泡酒みたいなのはオーケーだそうですね。イブン・バットゥータはマーリク派[*44]だから、酒は全部ダメですけど。

清水　キンマ[*45]の葉っぱも各地でかまれていたみたいですね。頻繁に出てくるじゃないですか。誰かと一緒にかむことでお互いの親愛の情を表すような、そういう小道具にもなってますよね。

高野　ちょっと酒みたいな感じのものですよね。イスラムの法にも触れないんで、この時代の一番の嗜好品《しこうひん》だったみたいですね。

清水　朝起きたら、まずキンマをかむとか、書いてありますね。リフレッシュ効果があるんですか。

高野　目がさめるんでしょうね。アッパー系[*46]で、カーッとしてくるんです。だから、台湾とかミャンマーの長距離トラックの運転手なんかがよくキンマをかんでますね。

清水　常習性はあるんですか？

高野　うん、僕はたまたま先週、キンマ依存症になっているという日本人に会いましたよ。

清水　どこか行った先で？

学派によって生活の規範や法解釈が異なる。ハナフィー派は現在のイラクで形成され、セルジューク朝、オスマン帝国、インドのムガール帝国などで最も権威のある法学派とされていた。

＊44　マーリク派
イスラムのスンナ派四大法学派の一つ。伝統的に特にアフリカで強い影響力をもっている。

＊45　キンマ（蒟醤）
コショウ科の蔓植物。熱帯地方で広く栽培され、この葉でビンロウの実と石灰を包んでかみ、口中清涼剤とする。

＊46　アッパー系
ドラッグや嗜好品はその精神作用において大きくアッ

高野　高田馬場で。

清水　日本でキンマって手に入るんですか。売っていいものなんですか。

高野　麻薬じゃないんだから、別にいいでしょ。高田馬場にミャンマー雑貨店があって、売ってるんですよね。その階下のミャンマーレストランで、その日本人の人に会ったんですけど、しょっちゅう東南アジアに行って仕事をしているうちにキンマ依存症になっちゃって、定期的に買わないといられないって言ってました。

清水　依存症っていっても、タバコのニコチン依存症ぐらいの程度でしょ、手放せないというぐらいの。

高野　それで十分、依存症じゃないですか（笑）。

清水　ああ、そうか。ただ、タバコと違って、あれ、目立ちますよね。くちゃくちゃかむわけだし。

高野　口の中、真っ赤になるし。

清水　真っ赤なつばを吐くから、日常生活を営むのにはちょっと差し障りがありますよね。

高野　日本人でもそんな人いるんだって、ちょっとびっくりしま

パー系とダウナー系に分けられる。前者の代表例はコカインや覚醒剤、カフェインで、摂取すると、テンションが上がり、言動も活発になる。後者の代表例はアヘン系（ヘロイン、モルヒネなど）で、静かに陶酔する。ただ、状況や体調によって、作用はかなり異なる。アルコールや大麻は両方の作用があるとされている。

したね。

清水　あともう一つ、ハシシ[*47]って飲んだりするものなんですか。イブン・バットゥータは「スプーンですくって飲む」って書いているんですけど。

高野　飲んでも効きますよ。今でもインドにはバング・ラッシーっていう大麻入りヨーグルトドリンクがあります。だいたい、この時代、「吸う文化」が旧大陸にはまだないでしょう。

清水　ああ、そうか。

高野　だから、ハシシを飲み物や食べ物に混ぜたりしていたんでしょうね。口から摂取すると、効き方が違うんですよ。吸うと肺から血管に大麻成分が入るから、直に来るんだけど、ほら、食べると胃から吸収することになるでしょ。だから、胃のほうからモワーッと広がってくる感じだそうです。

清水　そうか、なるほど、樹脂を溶かして飲んでいたのか。

高野　吸う文化はコロンブスが新大陸からタバコと一緒に旧大陸に持ち帰ったものですよね。それと、梅毒も。コロンブスって、つくづく困った人ですよね（笑）。

＊47　ハシシ
大麻の雌株の花穂（かすい）から分泌される樹液から作る麻薬。大麻の葉をタバコのように吸うのがマリファナで、樹脂を固めたものがハシシとなる。

マルコ・ポーロを凌駕する情報の質と量

高野　いやあ、今回は、なんだかイブン・バットゥータの三〇年に及ぶ旅を追体験したような気になりました（笑）。

清水　メッカ巡礼に出発した日のことが遠い昔のような気がします（笑）。

高野　ウルトラマラソン完走みたいな、北アルプス全山縦走みたいな、何かをやり遂げたような錯覚に陥りますね。

清水　さっき、対談が始まる前に全八巻を目の前に積んで一緒に写真を撮ってもらったとき、この瞬間を味わうために頑張って読んだんだって思いました（笑）。

高野　新たな研究分野が切り拓けたんじゃないですか（笑）。

清水　日本中世史の研究者で、この本を全巻読んだという人には会ったことがないですね。貴重な体験でした。東洋文庫って、やっぱ迫力ありますよね、八冊並ぶと。家に置いておくと、子どもがびっくりしますもん、「何？　この本」って。背表紙に『大旅行記』としか書いてないし。

高野　いつも近所のドトールコーヒーで仕事をしてるんですけど、全八巻を持っていくわけにはいかないし、そうなると家で読むしかないでしょう。でも、机の上に八冊は置けないんで、床に座って読むしかなかった。

清水　一巻ずつ読んでいけば、他の巻は手元になくてもいいじゃないですか。途中で前に戻って読み返したりしていたんですか。

高野　そうそう。

清水　じゃ、常に八冊を傍らに置いて読んでたんですか。すごい読み方しますね。

高野　だって、「何巻の注いくつを参照」とかってあるじゃないですか。

清水　確かに、たまに前に出てきた言葉の意味がわからなくて、元に戻るっていうことはありましたね。

高野　だから、床の上に八冊並べて読むんだけど、どれも緑色の表紙で、何巻なのかは背表紙を見ないとわからないから、なんかトランプの神経衰弱をしているみたいな（笑）。

清水　そう、せめて表紙の色を違えてくれれば、どれだけ読みやすかったか（笑）。

高野　それか、表紙に一言ね、「1」とかね、「2」とか書いていてくれればいいのに。

清水　先日、ゼミで学生に『大旅行記』の話をしたら、あんまり反応がなかったんですが、一人が興味をもったらしく、その場でネットで調べて「ああ、『三大陸周遊記』のことですか」と言い出したんです。すると、他の学生も「ああ、それなら知ってる」というリアクションをしたので驚きました。高校の世界史や大学入試では、『三大陸周遊記』の名前で通っているらしく、大学生はだいたいそっちのほうでおぼえているみたいですね。そこまで知っているんなら、ぜひ原典を読んでもらいたいな。

　僕は以前、高校で日本史の教員をやっていたとき、なるべく原典を使おうと思って、『風土記《ふどき》』＊48とか『日本永代蔵《にっぽんえいたいぐら》』＊49を読んで授業に臨んだんですね。そうすると、やっぱり生徒の食いつきがいいんですよ。説得力が違ってくるんでしょうね。だから、世界史の先生も、「イブン・バットゥータ」や『大旅行記』といった用

＊48　『風土記』
七一三年、元明天皇の詔により諸国に提出が命じられた地誌。現在、内容が知れるのは常陸・播磨・出雲・豊後・肥前の五カ国のみで、このうち出雲のみ完本が伝わる。『古事記』『日本書紀』には組み込まれなかった地方独特の伝説・地形・産物などの情報が収められていて貴重。

＊49　『日本永代蔵』
井原西鶴が一六八八年に刊行した浮世草子。全三〇話。虚実ないまぜのさまざまな商人群像を描き、元禄時代の経済生活の一端をうかがわせる内容。

語を教えるだけでなくて、いちど生徒と一緒に原典を読んでみるといいんじゃないかと思いました。

高野　今、マルコ・ポーロ[*50]の『東方見聞録』の興味のあるところをパラパラと読んでいるんですけど、イブン・バットゥータと比べると、記述が素朴というか幼稚なことに驚いてしまうんですよね。教養のレベルが違う。旅の経路や土地の情報も非常に漠然としていて、詳しいのは中国（元朝）の部分だけです。

改めて、イブン・バットゥータ、すごい！　と思いました。

＊50　マルコ・ポーロ（一二五四〜一三二四）　イタリア・ヴェネツィアの商人、旅行家。一二七〇年、「元」（中国）へ行く父・叔父に連れられて出発、七四年皇帝フビライに謁して任官。中国各地を見聞、海路インド洋・黒海を経て、九五年に帰国。ジェノヴァとの戦争に参加するも敗れ、その獄中で『東方見聞録』を口述。当時のアジアについて貴重な参考資料となると同時に、ヨーロッパ人の東洋観に深い影響を与えた。ただ、マルコ・ポーロは中国に行っていないという説も根強く存在する。

第四章　『将門記』

――天皇を名乗った反逆者のノンフィクション

『将門記』

作者・成立年不明／小学館・新編日本古典文学全集41／二〇〇二年／四六五七円＋税

平安時代中期に起きた「平将門の乱」の経緯と有様を記した軍記物語で、史料的価値も高いとされている。原文は日本語の表記や用法などを含む変体漢文。作者・成立年ともに不詳。将門（生年不詳）は、桓武天皇のひ孫で関東に下った高望（たかもち）王の孫。下総国（千葉県北部と茨城県の一部）を本拠地としていたが、九三五（承平五）年、一族と争い、次々に撃破。続いて武蔵国の紛争に介入し、さらに常陸国、下野国、上野国に攻め入って支配権を奪った。九三九（天慶二）年一二月には「新皇」と称し、関東八カ国の国司を任命するとともに、下総に都を建設することを命じた。この間、朝廷はなすすべもなかったが、翌九四〇（天慶三）年一月、平貞盛や藤原秀郷らに将門追討を命じる。同年二月、将門は下総で貞盛・秀郷連合軍に敗れ、戦闘中に矢に当たって討ち死にした。

日本史上最大の反乱を描く中立的ノンフィクション？

清水　今回は、平安時代に起きた平《たいらの》将門《まさかど》の乱を描いた軍記物[*1]『将門記《しょうもんき》』です。前回がイスラム世界の古典だったので、日本の古典も読んだほうがいいかなと思って選んでみました。

高野　イブン・バットゥータはアフリカから中東、インドへと超壮大な旅をして『大旅行記』を書いたでしょ。ところが、今度は千葉や茨城で暴走族かヤンキーみたいな人たちがゴチャゴチャと争っている話で、なんてスケールが違うんだろうと思いました。映画の『ミクロの決死圏』[*2]を見ているような感じですよ。フォーカスを合わせるのに時間がかかった（笑）。

清水　すみませんね（笑）。日本史はスケール、小さくて。

高野　日本は本当に小さいんだなというのが最初の印象でしたね（笑）。だって、将門の乱は未曽有の大事件で、日本史上最大の反乱なんですよね。

清水　そうですよ。後にも先にも天皇を名乗った反逆者は将門し

＊1　軍記物
中世文学のジャンル。合戦を主題として、その時代や人物を描いた叙事的な文学作品。『平家物語』『太平記』など。

＊2　『ミクロの決死圏』
リチャード・フライシャー監督のアメリカSF映画。一九六六年公開。脳内出血で倒れた科学者を救うため、人間をミクロ化して脳の内部から治療を試みる。

かいないわけですからね。文学史のうえでは、『将門記』は日本で最初に書かれた軍記物でもあります。

ただ、この物語、作者も成立年も不明なんですけど、全体的にちょっとサービス精神が足りないと思いません？

高野　歴史学者が古典にサービス精神を求めるんですか（笑）。というか、これ、すごくノンフィクションっぽいですよね。著者がどっちかの側に立って書いているわけじゃない。将門は悪行の限りを尽くしたから、こんな目に遭ったんだとかって、最後のほうに書いてありますけど、前半では、弱い者を助ける武勇に優れた人物というふうに、将門をわりと高く評価しているんですよね。

清水　そう。将門の義侠心《ぎきょうしん》に作者はわりと共鳴しているんですよね。一方で、将門のライバルになる、いとこの平貞盛《たいらのさだもり》*3は田舎の良家のお坊ちゃんみたいに描かれている。

高野　貞盛は情けないですよね。

清水　将門は最初、一族と争って、貞盛の父やそのきょうだい、つまりおじたちと戦いますけど、貞盛は父親や親戚が次々に殺されているのに京都に逃げたりして、あんまりヒーローっぽくない。

＊3　**平貞盛（生没年不詳）**　平安中期の豪族。国香（くにか）の子。父が将門と争って殺されると、藤原秀郷と協力して将門を討った。子孫に正盛・忠盛・清盛がいる。

その後の歴史では、貞盛の子孫が平清盛につながっていくので、武家の始まりは貞盛のはずなのに、あまり格好いいところがないんですよね。状況に流されている感じが強くて。

高野　著者は妙に貞盛の心中に入り込んでいて、「将門は本来の敵というわけではない」とか、「都に帰り責任ある勤務に励むのが筋というものであろう」とか、優柔不断な独白をさせているでしょ。いったい誰に言い訳しているんだろうって思うんだけど。

清水　自分に言い聞かせているかたちをとって、彼の内面の葛藤を描いてるんですかね。

高野　だから貞盛が主人公みたいな気もしなくもないんだけど、いざ将門と戦っても、ぜんぜん勝てないし。最後も貞盛の活躍で将門を倒したわけじゃないですよね。

清水　偶然勝っちゃったみたいな話ですよね。貞盛って『今昔物語集』にも出てくるんですけど、そこではすっごい悪人として描かれているんですよ（巻二九第二五話）。

高野　そうなんですか。

清水　貞盛はあるとき体に悪性の発疹《ほっしん》ができて、医師から「胎児の生き胆が薬として効く」と言われるんですが、自分の息子の嫁さんが妊娠していたんで、その腹を裂いて胎児の肝を求めようとするんです。実はとんでもないグロテスクな男なんですよ。

高野　それ、将門の本拠地だった千葉とか茨城あたりでつくられた話なんじゃないですか（笑）。

清水　ああ、貞盛に対する悪意をもって？　まあでも貞盛に限らず、当時の武士のイメージがおそらく反映されているんでしょうね。そういう恐ろしい連中だという。

リアルで不思議な戦闘シーン

清水　高野さんが言うように、この物語はドキュメンタリータッチで書かれていて、この時代の戦争の形態がわかるんです。まず、戦国時代と違って、土地を奪い合うシーンがないんですよ。基本的に勝った側は相手の家来の家を焼いて、農業生産の拠点を壊滅させる。

というのも、当時の関東はフロンティアだったから、土地はいくらでもあるんですよ。そこにどれだけの労働力を投下できるかで、生み出される富の量が決まるわけで、そうすると、戦いでは、相手方の生産手段と労働力を喪失させることに力点が置かれるんですね。

高野　すごいつぶし合いですよね。ただ、リーダーはそれでいいのかもしれないけども、命をかけて戦う家来たちがいるわけじゃないですか。兵士たちのモチベーションは何だったのかが、これ読んでもわからないですよね。財宝を略奪して分け合うんですか。

清水　略奪はありますよね。あと、婉曲《えんきょく》な表現にはなっていますけど、婦女暴行のシーンが多くないですか。佐倉由泰《よしやす》さんという日本文学の研究者も言っていることなんですけど、これは『将門記』の特徴で、この後に書かれる『平家物語』などの軍記物には性暴力のシーンはほとんどないんです（参考：「文学からみた将門記」、川尻秋生編『将門記を読む』吉川弘文館）。実際には起こっていたはずなのに。

高野　『将門記』が描く戦闘のほうがリアルで、後世の軍記物では、美しくないシーンはカットしているわけですね。

清水　『将門記』には戦略や戦術の話も出てきませんよね。『三国志』の諸葛孔明みたいにワナを仕掛けて勝ったとか、そういうのがない。なんで将門が強いのか、よくわからないでしょ。

高野　本当は策略とか伏線があったほうが物語としては面白いわけで、清水さんは「サービス精神が足りない」と指摘しましたけど、この本は文芸的じゃないんですよね。物語的な配慮がない。

あと、僕が思ったのは、この時代の武士って、姻戚関係が複雑ですよね。訳がわからなくなるから系図をつくりながら読んだんですけど、最初に将門と争うおじ三人は、将門と敵対していた源護《みなもとのまもる》＊4の娘と結婚していて、将門の亡父良将《よしもち》＊5だけが違うんですね。

清水　そう。ふつうは血縁関係のほうを重視しそうなものですけど、将門のおじたちは源護との婚姻関係を重視して将門と対立する。この時代は血族間の結合がそんなに強くなかったんでしょうね。

高野　ああ、なるほど。

清水　婚姻関係を大切にするという意味では、将門も貞盛も、一

＊4　**源護（生没年不詳）**　平安中期の豪族。常陸大掾（だいじょう）。嵯峨天皇か仁明天皇の末裔。娘を平国香・良兼・良正に嫁がせて高望王（たかもちおう）流平氏と姻戚関係をもつが、息子たちが将門と戦い敗死。それを機に女婿たちが護を支援し、将門と一族の死闘のきっかけをつくった。

＊5　**平良将（生没年不詳）**　平安中期の豪族。高望王三男、将門の父。下総国を開発し、私営田を広げた。『将門記』では「良将」、『今昔物語集』では「良持」と記される。三男でありながら兄国香・良兼らを差し置き、鎮守府将軍に任じられており、一人だけ源護の女婿となっていないことから、兄弟の中で特別な

時期、妻を相手方に捕らえられて夫婦が別れ別れになりますけど、ああいうシーンもとても悲しげに描写してるでしょ。

高野　あれも不思議ですよね。後世になると、武士の妻は人質[*6]に出されたりして。

清水　政治の道具になっていきますよね。

高野　将門はなぜか、捕らえた貞盛の妻にも同情的で、歌なんか詠んでいるんですよね。

清水　なんか、あそこだけ変に牧歌的ですよね。

高野　双方が歌を詠み合った結果、人々の心がなごんだというんでしょう。戦闘ではさんざん暴行もしているのに、そんなことあるのかなと思うけど、そう書いて不思議じゃないような説得力はあったんでしょうね。

清水　ちょっとのんきだなと思ったのは、将門のおじの一人が攻めてくるとき、将門の祖父と父の像を陣の先頭に押し立ててやってくるでしょ。そうすると、将門は十分に戦えなくて負けちゃう。なんか、そういうマジカルな要素もこの時代の戦いの中にはあったんでしょうね。

地位にあった可能性がある。あるいは、それが将門の乱の遠因か。

＊6　武士の妻は人質
中世、特に戦国時代の武家社会では、信義の証しとして妻子や親族を人質として相手方に預ける慣習が存在した。のちに近世では、大名が公儀への忠誠の証しとして江戸や大坂・京都に自らや重臣の妻子を留め置く制度に発展した。

高野　僕はこの本を読んでて、『信長公記《しんちょうこうき》』*7を思い出したんですよ。あの本も、序盤は親族の争いじゃないですか。織田の一族の中で、やったりやられたり。

清水　聞いたこともない「織田ナントカ」がいっぱい出てくるんですよね。

高野　そう。それが延々と小競り合いを繰り返してて。あれ読んでいると、ほんとにね、信長、天下統一までいけるのかって思う。とても京都まで行けそうにないんですよね（笑）。周りがみんな敵みたいな状況で、尾張（愛知県西部）から出られなくて。

清水　まずは親戚との戦いなんですよね。

高野　ええ。高校野球でいうと、地区予選ですね。

清水　まさに、そうです。戦国大名もね、二カ国ぐらいを取ると、そこから一気に大きくなるんですよ。周囲がみんな「長いものには巻かれろ」になるから。信長でいえば、尾張を取って美濃《みの》（岐阜県南部）を取ったあたりから大きくなっていくし、武田信玄も甲斐《かい》（山梨県）を押さえた後、信濃《しなの》（長野県）を取ると、やっぱり大きくなるんですよ。ただ、そこにいくまでがね、なかなか険

*7　『信長公記』
織田信長の政治・軍事活動を編年体で記した書物。信長に仕えた太田牛一が著した。全一六巻。織田信長研究の基本史料。

*8　八幡大菩薩
八幡神の称号。八幡神の本地は菩薩であるとして、仏教の立場から名づけられた。八幡神は応神天皇を主座とし、比売神（ひめのかみ）・神功皇后を合わせた三神。弓矢の神として武家の信仰を集めた。

*9　菅原道真（八四五～九〇三）

しい道のりみたいですよね。

高野　けっこう厳しいですよね、地区予選。

危険思想の体現者にして、折り目正しき律儀者

清水　将門は一族との争いに勝った後、関東を制圧して「新皇《しんのう》」を名乗るじゃないですか。それが可能だと彼が考えた要素が、『将門記』を読んでいると、何点か指摘できそうです。たとえば一つには、高貴な家柄に生まれたという貴種意識があって、自分は桓武天皇の末裔なのだから、関東八カ国ぐらい治めても何の問題もないだろうと。

もう一つは神託ですね。八幡大菩薩*8から天皇の位を授けるというお告げがあって、しかもその文書は菅原道真《すがわらのみちざね》*9の霊魂が取り次いだ。神様ダブル出演ですけど。

あと、もう一つ興味深いのは、将門は、かつて都で仕えた太政大臣藤原忠平《ふじわらのただひら》*10に宛てた書状の中で、「昔から武威を振るい天下を征服した者は、多くの史書に見られるところであります」と書い

平安前期の公卿・学者。学問・書・詩文に優れ、宇多天皇の信任厚く、遣唐使停止の献言などを行う。九〇一年に藤原時平の陰謀により大宰権帥に左遷され、配所で没する。死後、道真排斥に関与した者や二人の皇太子が死去し、清涼殿に落雷があるなど天変地異に見舞われたことから、道真の怨霊の祟りと恐れられ、天満天神として祀られた。

***10　藤原忠平**（八八〇〜九四九）
平安中期の公卿。兄時平の死後、朱雀天皇の摂政・太政大臣・関白を務めた。温厚な人柄で人望があった。治世下で将門・純友の乱が起こる。『延喜格式』を完成させ、日記に『貞信公記（ていしんこうき）』がある。

たり、新皇に即位したことをいさめる弟の将平《まさひら》に「今の世の人は必ず戦いに勝利を収めた者を主君と仰ぐ」と答えたりしている。将平に対しては、中国大陸では契丹《きったん》の耶律阿保機《やりつあぼき》[*11]が渤海《ぼっかい》を滅ぼして東丹《とうたん》（のちの遼《りょう》）を建てたっていう海外の先例まで言って聞かせている。

高野　将門、物知りですよね。国際情勢にすごく通じてる（笑）。

清水　『将門記』の作者が後知恵で付け加えた可能性も否定できないんだけど、将門が新皇を称したのが九三九年で、東丹ができたのは九二六年ですから、少ししかたってないんですよ。この頃は、唐[*12]も滅んだりして東アジアの政治秩序が乱れ始める時期なんで、将門が天皇制を相対化するような発想をもったのは、そういう国際情勢の影響もあるんじゃないかとも考えられます。

高野　それにしても、将門は天皇制の痛いところを突いてますよね。天皇の権威の相対化というのは、日本の政治において一番の危険思想でしょ。中国から律令国家の仕組みをそのまま輸入してきたわけだから、天命によって王朝が代わる易姓革命《えきせいかくめい》[*13]の考え方だって併せて輸入していてもおかしくないのに、日本ではそれはな

＊11　契丹の耶律阿保機（八七二〜九二六）
中国、遼の初代皇帝（在位九一六〜九二六）。太祖。唐末に契丹諸部族を統一し、皇帝となる。渤海を滅ぼし、中国東北部・モンゴル高原に支配を確立した。

＊12　唐（六一八〜九〇七）
中国で李淵（高祖）が建国した王朝。律令制・均田制などを確立し、東西交流を進め国際色豊かな文化を生んだ。安史の乱以後は財政窮乏と異民族侵入に苦しめられた。

＊13　易姓革命
中国古来の政治思想。天子（皇帝）は天命を受けて天下を治めるが、もしその家系（姓）に不徳の者が出れば、別の有徳者が天命を受

いことにしているじゃないですか。でも、そういうことが起きてもおかしくないと将門は言って、実力で示しちゃったわけでしょ。

清水　そうそう。作者も、新皇になった将門が何かを話すシーンでは、「新皇勅《ちょく》して云《い》はく」とちゃんと敬語を使っている。

高野　そして、京都の天皇のことは「本天皇」と呼んで、将門と同列に扱っている。そこもノンフィクションっぽい感じなんだけど、そんなにニュートラルな書き方をして大丈夫なのかなと心配になりますよね（笑）。

清水　高野さんが言うように、作者はどっち側に立っているんだろうと読者は思ってしまいますよね。

高野　結局、将門の乱って、乱自体の規模とか危険度はたいしたことない気がするんですよ。

清水　うーん。関東を完全に支配下に置いたのは間違いないようですよ。当時の京都の貴族の日記を見ると、朝廷に反乱の情報がもたらされたのは甲斐国とか信濃国からで、肝心の関東からは連絡が一切来ていないんです。関東諸国の行政機関はそれぐらい麻《ま》痺《ひ》していて、少なくとも朝廷に連絡をとれるような状態ではなく

けて新しい王朝をひらくという考え方。

なっていたらしいです（参考：川尻秋生『平将門の乱（戦争の日本史4）』吉川弘文館）。

高野　でも、反乱は新皇即位から二カ月ぐらいで鎮圧されちゃうんでしょ。だから、乱そのものより、将門が自分は天皇であると名乗ったことのほうが世の中に決定的なインパクトを与えたんじゃないかなって思いますね。

清水　確かに。後々まで語り継がれるのは、征服した土地の面積ではなくて、やったことのインパクトですよね。ただね、将門は新皇になった後、関東八カ国の人事を勝手に決めていくでしょ。自分の親族とか家来を次々に国司に任命していくじゃないですか。

高野　あのくだり、読んでてけっこう痛快なんですよね（笑）。

清水　ちょっと悪ふざけをしているようにも見えますよね。その際に「常陸介《ひたちのすけ》」とか「上総介《かずさのすけ》」も決めているんですが、細かいことを言うと「介」は、国の長官である「守《かみ》」の下の次官なんです。これには理由があって、常陸国（茨城県）と上総国（千葉県中部）は親王任国《しんのうにんごく》＊14といって、「守」になれるのは親王だけなんですよ。将門はそのルールを律儀に守って「介」を任命していて、「守」

＊14　親王任国
親王が国守に任じられる国。上総・常陸・上野の三国。ただし、親王は任国に赴かないので、次官である介が国務をみた。

はちゃんと空席にしているんですよね。新しく天皇になったんだったら、そこはこだわらなくてもいいじゃないかと思うんだけど、やっぱりこれは律令制度の呪縛なんですかね。

高野　まあ、そのほうが、みんなにとってわかりやすかったんじゃないですか。「上総守」なんておかしいよっていう。

清水　なるほど。あ、でも、上野国《こうずけのくに》（群馬県）も同じように親王任国なのに、「上野介」じゃなくて「上野守」を任命しちゃっているんですよ。

高野　じゃ、適当だったんですかね（笑）。

清水　雑だったのかな。

高野　でも、いろいろ任命したけど、朝廷で暦をつくる官吏の暦《れき》博士《はかせ》*15だけは適任者がいなかったというのは、また妙にリアルなディテールですよね。

清水　暦をつくるのは特殊技能だからなんでしょうね。暦博士がいたら、将門は改元までやったかもしれないですよね。

高野　さっき清水さんが取り上げた藤原忠平宛の書状も面白いですよね。将門は折り目正しい人だったのか、「謹んで申し上げま

＊15　暦博士
律令制下、中務省（なかつかさしょう）陰陽寮の職名。定員一名。天文をつかさどり、暦を作成し、暦を学ぶ学生（暦生）を指導した。

す」から始まるすごく丁寧なお手紙で。

清水　「私が天皇になっても何の問題もないと思うんですけど、どうでしょうか？」という、言ってる内容はとんでもないことなのに、文体はすごい律儀な書き方なんですよね。かつての上司とはいえ、新皇になろうって人がこんな手紙書いちゃダメですよね。

高野　でもそれは、ほら、やっぱり将門っていうのは単純に悪い人じゃなかったんだということを著者がアピールしているんでしょう。

清水　そうか。将門は弱かったり、お人よしだったりするところがあって、ヒールにもなり切れていない。

高野　著者の中で将門像が揺れ動いているんですよ。将門も最初から悪かったわけではなくて、取り巻きが悪かったんだという同情的な書き方もしていますよね。

清水　興世王《おきよおう》とか藤原玄明《ふじわらのはるあき》*16とか、あちこちで問題を起こしている人たちが集まってきて、将門をたぶらかしてますもんね。八幡大菩薩のお告げを演出したのも彼らみたいだし、将門が身を滅ぼしたのはこの二人のせいだったと書かれている。

*16　興世王（？～九四〇）・藤原玄明（？～九四〇）
将門の反乱のきっかけをつくった人物。興世王は皇族で、武蔵権守。足立郡郡司武蔵武芝との私戦を将門によって調停されて以後、将門のもとに身を寄せ、将門に朝廷への叛逆を勧めた。藤原玄明は常陸の豪族で、常陸国司に反抗して将門を頼り、将門が常陸国府を攻略するきっかけをつくった。将門の乱鎮定後、二人とも討たれた。

*17　宇多天皇（八六七～九三一）
第五九代天皇（在位八八七～八九七）。光孝天皇の第七皇子。源の姓を賜り臣籍に降下したが、光孝天皇の死により皇位を継承。菅原

高野　これね、将門の関東支配が五年とか一〇年とか続いていたら、面白かったでしょうね。

だって、実際の南北朝時代の南朝・北朝は同じ天皇家の親戚同士で、どっちが正統かという話でしょう。だけど、将門政権はそうじゃなくて……。

清水　天皇の血筋とはいえ、完全に民間人になって「平」という姓を名乗っていたのに、その子孫が自分は天皇だって言いだしたんですもんね。過去には一回、民間人になってから天皇になった例として、宇多天皇[*17]の例がありますけど、別にそのときだって皇統が分裂していたわけではないですからね。

高野　反乱がもっと長く続けば、本当の南北朝になったかもしれない。あ、正確には「東西朝」か。

清水　将門って、昔、NHKの大河ドラマになったことがあるんですよね。一九七六年に放送された海音寺潮五郎[*18]原作の『風と雲と虹と』。将門と、同時期に西国で反乱を起こした藤原純友《すみとも》[*19]を描いていて、僕は物心ついてから総集編をビデオで見ましたけど、以来、将門はドラマにも映画にもなっていないんです。

道真を登用し、藤原氏を抑えて「寛平の治」と呼ばれる政治を行った。譲位にあたり、醍醐天皇に訓戒書『寛平御遺誡（かんぴょうのごゆいかい）』を与えた。

＊18　海音寺潮五郎（一九〇一～七七）　小説家。鹿児島県生まれ。一九三六年、『武道伝来記』で直木賞受賞。『平将門』、上杉謙信を描いた『天と地と』、藤原純友を描いた『海と風と虹と』など、歴史小説の大作を多く残した。

＊19　藤原純友（?～九四一）　平安中期の貴族。伊予掾（いよのじょう）となって下向するも、瀬戸内海の海賊の首領となり、瀬戸内全

高野　その大河ドラマでは誰が将門を？
清水　加藤剛[*20]さんが。
高野　あんな上品な感じの人が。なんだか似合わないような。
清水　もっと、〝むくつけき荒夷《あらえびす》〟みたいな感じの人のほうがいいような気がしますけど、そんなにナヨナヨはしてなかったですよ。ＮＨＫアーカイブスのホームページには、「律令制度が崩壊し武士が台頭する平安中期。腐敗した都の貴族社会に失望し、民衆のため、坂東（関東）に独立国を築こうと権力に立ち向かった風雲児・平将門（加藤剛）と、それに呼応した西海（瀬戸内海）の藤原純友（緒形拳）の理想を中心に描く歴史ロマン」という番組紹介が載っています。すごい左翼的ですよね（笑）。
高野　時代ですね（笑）。
清水　『将門記』を読む限り、「民衆のため」っていう目的はぜんぜん見えてこないけど。

将門が見た夢を頼朝が見なかったのはなぜか

域に支配を広げた。大宰府を攻撃した後、朝廷の命をうけた小野好古（おののよしふる）・源経基により討たれた。従来、将門の乱と併せて「承平・天慶（てんぎょう）の乱」と呼ばれたが、いずれの反乱も朝廷への敵対が明確になるのは天慶年間以降であることから、二つの反乱を併せて「天慶の乱」と呼ぶことも多い。

＊20　加藤剛（一九三八〜二〇一八）
一九七〇〜八〇年代の代表的な二枚目俳優。静岡県生まれ。高潔で正義感あふれる役柄を好演した。代表作に、映画『砂の器』、テレビドラマ『大岡越前』など。

高野　そんな将門も最後は貞盛と藤原秀郷《ひでさと》*21に討たれてしまいますけど、その時点でも貞盛は、将門軍は「雷電のように恐ろしく」、自分たちの軍は「厠《かわや》の底を這《は》い回る蛆虫《うじむし》のようになさけない」と言っている。政府軍、ほんとに弱かったんですね（笑）。

清水　貞盛、最後まで格好悪いですね。

高野　しかも、貞盛は「甘言」をもって兵隊を集めたとあるでしょ。勅命を受けて将門を討ちに来ているのに、兵隊を集めるのに甘い言葉かよって（笑）。

清水　政府軍といっても、貞盛の個人的な戦いに朝廷が権威を与えているようなところもあるんで、ちゃんと組織された軍隊ではないんですよね。この頃の戦争では、旗色が悪くなったほうの兵隊はみんなすぐに逃げるんです。貞盛が甘言で集めた兵隊も途中でほとんど逃げちゃって、なのに、たまたま風向きが変わったので、風下にいた将門は矢に当たって死んじゃったと。あっけないんですよね、将門の死に方も。

高野　将門って、『将門記』が書かれて有名になったのか、それとも将門が有名になって『将門記』が書かれたのか、あるいは両

＊21　藤原秀郷（生没年不詳）
平安中期の豪族。平貞盛とともに将門を討ち取った功により、下野守となる。俵藤太と呼ばれ、のちに近江三上山のムカデ退治などの伝説が生まれた。

方なのか。

清水　どうなんでしょう。関東にはいろいろ将門伝説が残っていますけど、だいたい『将門記』とは関係ないんですよ。

たとえば東京の大手町に首塚[*22]があるじゃないですか。京都でさらされた将門の首が故郷恋しさで空を飛んで、茨城まで行こうとしたけれども、途中で力尽きて落っこったという場所ですけど、これは『将門記』には出てこない話です。ちなみに日本で初めて獄門でさらし首になったのも将門なんですよ。

高野　へえ。

清水　いろいろな記録の保持者ですね。

高野　首塚が残っているのは、将門は悪いことばかりしたわけではないと、関東の人々も思っていたからなんでしょうね。今は東京が首都だから、関東に住む人に関東人という意識はないけど、昔は京都が都だったから、関東人という意識はすごく強かったんだろうし。

清水　関東人は京都の人たちから東夷《あずまえびす》とさげすまれていましたしね。その関東に独立国をつくろうとした人がいたっていう話は、

＊22　首塚
東京都千代田区大手町に現存する平将門の首塚と伝わる史跡。京都でさらされた将門の首級が空を飛んで故郷に帰る途中、当地に落下したという。「造成工事を行おうとしたところ事故が多発した」「隣接するオフィスビルで首塚に背を向けて机を構えていた人は早死にする」など、現在にいたるまで都市伝説まがいのさまざまな怨霊譚が語り伝えられている。

関東人の心に響くものがあったのかもしれないですね。
ところで、首塚って、カエルの置き物がいっぱい並んでいるの知ってます？
高野　え？　なんですか、それ。
清水　大手町って、今はオフィス街じゃないですか。あそこのサラリーマンが首塚に背を向けて机を構えると早死にするっていう都市伝説もあるらしいんです。そのパワーにあやかって、東京の本社から地方に転勤するサラリーマンが「また本社に戻りたい」って将門にお願いすると、戻れるんですって。
高野　だからカエルなんだ。
清水　帰るためにカエルを置く。こないだ久しぶりに行ったら、変にカエルの置き物が多いんで、なんでだろうと思ってネットで調べたら、そういう話になっているらしいです。でも、将門の首は故郷に帰れなかったんですけどね。途中で落っこっちゃって、あそこにいるわけで。
高野　将門みたいに天皇を名乗る人物がその後は現れなかったのは、どうしてなんでしょうね。

清水　なんでですかねえ。たとえば源頼朝[*23]が新皇を名乗る……。考えにくいですよね。

高野　でも、あの人、鎌倉に拠点を構えてからはほとんど京に行かなかったし、ひたすら関東に固執していたわけでしょ。次のタイミングとしてはまさに頼朝のときですよね。

清水　それ、ほんと難しい問題ですよ。源氏もさかのぼれば天皇家の血筋だから、頼朝は将門と同じ立場になれなくもないですよね。やっぱり将門が失敗したから、それが悪い先例になったというのが理由としては大きいんですかね。

高野　となると、問題はやっぱり取り巻きですかね。

清水　そう、そういう悪い取り巻きが出てこないと……いや、出てきたとしても、頼朝はやったかなあ。

匿名作家は誰に何を伝えたかったのか

清水　『将門記』の作者は朝廷の事情に詳しい京都の貴族だという説と、関東の様子をよく知る東国の人だという説がありますけ

＊23　源頼朝（一一四七～九九）
鎌倉幕府初代将軍（在職一一九二～九九）。平治の乱で敗れて伊豆へ配流となるが、一一八〇年に挙兵して鎌倉に入る。八五年、弟義経らの活躍で平氏を滅ぼした後、義経追討の名目で守護・地頭の設置を認可される。九二年に征夷大将軍となり、武家支配を確立した。

ど、これを書くことで自分をアピールするとか、後世に名を残すとか、そういうことがしたいわけではなさそうですね。「里の名もなき者」と自分で名乗っていますから。ただ、ルポルタージュとしてはしっかりしてますよね。

高野　すごく取材力が高いですね、この人。

清水　武士と武士が互いに殺し合う『仁義なき戦い』[*24]のような世界に初めて直面した人のおののきが文章から感じられますよね。平安貴族から見たら、とんでもない世界ですよ。もし作者が京の貴族だとしたら、自分たちには理解しがたい価値観をもつ武士という人間が現れてきたので、その闘争の様子を記録したいと思ったんでしょう。

高野　確かに、これを読むのは貴族ですよね。中国の故事とかも引いてるし、学識がある人じゃないと意味がわからないでしょう。ただ、著者のモチベーションがどこにあるのかが、僕にはよくわからないんですよ。僕は小学館ノンフィクション大賞[*25]の選考委員をやっていたので思うんですけど、ノンフィクション作品で重要なのは、著者のモチベーションがどこにあるのかということな

＊24　『仁義なき戦い』　深作欣二監督による五部作シリーズ。一九七三〜七四年公開。菅原文太主演。日本の暴力団抗争史上、最も多くの血を流したと言われる「広島抗争」を題材に、生き延びるためならば、どんな卑劣な策謀も裏切りもやってのける男たちの群像を描いた。

＊25　小学館ノンフィクション大賞　小学館が主催するノンフィクションの未発表作品を対象とする公募制の賞。賞金三〇〇万円。選考委員は二〇一六年より一九年まで三浦しをん、古市憲寿、高野の三名が務めた。

んです。そこがね、読者が感情移入できるかどうかのポイントなんですけど、『将門記』は読んでても感情移入しづらいんですよね。書いた目的がわからないから。

清水　「復讐からは何も生まれない」みたいなメッセージは一応あるでしょ。

巻末に、地獄に堕ちた将門の霊が心境を語る場面がありますけど、「生涯にわたる仇敵《きゅうてき》がいて、これと戦うこと、さながら野獣の角や牙《きば》を突き合わせて闘争するのに似ている」とか、「概して世間の理《ことわり》として、痛苦を受けて死すとも決して闘争に従ってはならない」とありますよね。これは、やられたらやり返すというのはいけないことだというメッセージですね。

さっき紹介した日本文学研究者の佐倉さんの指摘によると、『将門記』が表す戦闘への恐れと憎悪と拒絶は、他の軍記物語に比べてはるかに強く根深いそうです（前掲「文学からみた将門記」）。善悪の区分以前に、何よりも戦うことそれ自体が悪であるというスタンスで書かれている。

高野　ふーん。

清水　だから善悪の構図に落とし込んでいない。戦争映画なんかで、反戦というメッセージを打ち出そうとしていても、どちらかが「いい者」で、どちらかが「悪者」という構図で描いてしまうと、見ている側はついつい「いい者」に感情移入しちゃうじゃないですか。そうすると、反戦と言いながら、見る人の好戦的な感情をかき立てるところがありますよね。

高野　そうですね。戦争を語るときの落とし穴ってありますよね。だけど、この地獄からのメッセージって、なんかちょっと取ってつけたような感じがしますよね。

清水　そうなんですよ。このメッセージが『将門記』の全編を貫いているかというと、そうでもなくて、事実と調和した効果をもたらしていないというか、ちょっと浮いているようでもある。

高野　著者自身が矛盾を抱えてたんじゃないですか。確かに著者は「復讐はよくない」って執拗《しつよう》に書いてるけど、これ、復讐なんか絶対にやっちゃいけないと本当に思っている人の書き方じゃないと思うんですよ。

清水　そうか、復讐心は誰もが抱えているよねと。

高野　少なくとも著者の中にはそういう気持ちもあって、だから将門が復讐したい気持ちはわかると。わかるけども、そんなことばかりしていてもキリがないし、国はめちゃくちゃになってしまうよ、みたいな。

清水　こんなことが当たり前に起きるような世の中になったら大変だぞ、という恐怖心はあるんでしょうね。

高野　そうでしょう。

清水　中立的な書き方になったのは、作者が価値判断を放棄して、起きたことをとりあえず素のまま、生のまま記録しておきたいと思ったからとも考えられますよね。そこにストーリー性やエンターテインメント性をもたせるというのは、もう少し後の時代の発想なのかもしれない。

高野　そうですね。だけど、著者も中立的に書くだけじゃ、まずいかなと思って、最後に教訓的なメッセージをつけ加えたんじゃないですか。編集者に「このままじゃ出版できませんよ」ってダメ出しをくらったから書いたみたいな（笑）。

清水　ああ、確かに（笑）。

高野　著者が複数いるとか、そういう可能性はないのかな。

清水　どうなんだろう。全体のトーンはわりと統一されていますよ。地獄からのメッセージに取ってつけた感があるぐらいで。

高野　アンカーマン[*26]が最後に文章をまとめたんじゃないですか（笑）。週刊誌の記事みたいに。将門担当とか京都担当の優秀なスタッフがいて、それぞれ自分の担当箇所を取材して情報を上げて、記事はアンカーマンが全部書いたとか。

清水　なるほど。そういうふうに考えると、京都の人が書いたようにも見えるし、東国の人が書いたようにも見えるというナゾが解けるかもしれない（笑）。

高野　なかなか不思議な作品でしたね。

清水　そうですね。改めて読み直してみて、僕もそう思いました。

＊26　アンカーマン　週刊誌などで記者が集めてきた情報を構成し、最後に記事原稿を書く人。

第五章　『ギケイキ』

――正義も悪もない時代のロードムービー的作品

『ギケイキ 千年の流転』

町田 康著／河出書房新社／二〇一六年／一六〇〇円+税

時を超え、現代に生きる源義経の魂が自らの生涯を語る超娯楽小説。室町時代に成立したとされる軍記物語『義経記』(作者不詳)をベースにしつつ、義経や他の登場人物が現代の標準語や俗語、関西弁をしゃべり、カタカナ英語も多用するなど、一般的な歴史小説とはまったく異なる文体で書かれている。キャッチコピーは「平家、マジでいってこます」。『義経記』では、義経の生い立ち、奥州下向、武蔵坊弁慶との出会い、兄頼朝の挙兵、義経の没落と逃避行、そして滅亡、という流れでストーリーが展開するが、本巻が描くのは、義経が頼朝軍に参陣しようと奥州から関東に向かうまで。第二巻『ギケイキ2　奈落への飛翔』が二〇一八年に刊行された。続きは雑誌「文藝」に連載中で、二〇二一年に全四巻で完結する予定。

町田 康《まちだ こう》

作家、歌手。一九六二年、大阪府生まれ。高校時代から町田町蔵の名で音楽活動を始める。八一年、パンクロックバンドINUでアルバム『メシ喰うな!』を発表。九七年、初の小説『くっすん大黒』で野間文芸新人賞、Bunkamuraドゥマゴ文学賞、二〇〇〇年『きれぎれ』で芥川賞、〇一年、詩集『土間の四十八滝』で萩原朔太郎賞、〇二年『権現の踊り子』で川端康成文学賞、〇五年『告白』で谷崎潤一郎賞、〇八年『宿屋めぐり』で野間文芸賞。他の著書に『パンク侍、斬られて候』(角川文庫、二〇〇六年)、「猫にかまけて」シリーズ、「スピンク日記」シリーズ、『人間小唄』(講談社文庫、二〇一四年)、『リフォームの爆発』(幻冬舎文庫、二〇一九年)などがある。

善悪を超えたピカレスクロマン

高野　最近、歴史小説を読んでいて空々しく感じることが増えてきてるんですよね。

一つには、武士道を体現しているような、きちんとした武士が多すぎる気がするんですよ。だけど、武士も荒くれているだけじゃダメだっていうふうになったのは、世の中が平和になった江戸時代の中期以降、朱子学[*1]が普及してからじゃないですか。なのに、室町や鎌倉の時代の武士が正義や倫理を重んじていたり、きっちりとした主従関係で結ばれていたりする。そういう記述が鼻につくようになってきたんです。

清水　だいぶ僕に毒されてますね（笑）。

高野　ああ、やっぱり……（笑）。もう一つはしゃべり方で、「〜でござる」みたいな口調がいつ頃から始まったのかわかりませんけど、少なくとも源平合戦の時代に武士が「ござる」なんて言っていたとは思えないんですよね。

＊1　朱子学
南宋の朱熹（しゅき）（一一三〇〜一二〇〇）が大成した新しい儒学。理気説を基本とし、上下関係の秩序を重んじ、人格・学問を磨く実践道徳としての性格をもった。江戸幕府によって官学として保護されたが、日本では中国・朝鮮のような体制教学となることはなかった。

清水　いわゆる時代劇言葉ですね。
高野　そうそう。気にしなければ、別にいいんでしょうけど、一回気になりだすと、やっぱり、なんだかなと思ってしまうところがあって。
清水　わかります。
高野　わかりますか。
清水　ただ、NHKの歴史番組『タイムスクープハンター』[*2]の時代考証をやっていたときも、なるべく当時の人たちがしゃべったようにというかたちを目指したんですが、そうすると視聴者にとってわかりづらいセリフになるんです。結局、視聴者が一番納得するのは時代劇言葉なんですよね。だからステレオタイプのセリフになってしまうんだろうけど。
高野　その点、今回取り上げる『ギケイキ』となると、もうさすがすがしい。源義経[*3]をはじめとする登場人物は、みんな現代のすごく俗っぽい言葉で語ってますけど、当時の人たちがしゃべっていた感じに実は近いんじゃないかなと思いました。
清水　僕もそう思いました。もちろん、このまんまということは

＊2　『タイムスクープハンター』　二〇〇八～二〇一五年にNHK総合で放送された異色の歴史番組。俳優・要潤が演じる未来から来た「時空ジャーナリスト」が、日本の歴史上の「教科書に載らない史実」を取材する、「密着ドキュメント」というスタイルで進行する。DVD全六巻。清水は、この番組の室町～戦国時代の時代考証を担当。

＊3　源義経（一一五九～八九）　平安末期、鎌倉初期の武将。源義朝の九男。平治の乱で父が敗死したことにより鞍馬寺に預けられるが、後に脱出し、奥州の藤原秀衡（ひでひら）の庇護を受ける。兄頼朝の挙兵に呼応。

ないですけど、中世のスピリットみたいなものをくみ取ったセリフになっていますよね。それと、この義経の、なんていうんでしょう、無軌道で破天荒なところ、そういうところも中世人らしく描写されています。

実際、原典の『義経記《ぎけいき》』もそんな感じなんです。特に前半の義経は、どう考えても貴公子ではない。脈絡のない凶暴性を帯びていて、そこが町田康さんのパンク[*4]な世界観とマッチしたんでしょう。

高野　これ、ピカレスクロマン[*5]（悪漢小説）ですよね。何しろ、正義が存在しないじゃないですか。善か悪かではなくて、強いか弱いかしかない。

清水　町田さん自身、新聞の著者インタビューで「いわゆる歴史小説は、ヒューマニズムを前提としているケースが多い。僕は、人間の世には正義も悪もないと思っています」と話してますね（毎日新聞二〇一六年七月三日朝刊）。

この物語では、平治の乱[*6]で源氏が平家[*7]に負けた後、京都の鞍馬山[*8]に預けられていた義経が、平家打倒を目指して、まず奥州藤原

先に入京した木曽義仲を討ち、平氏を一ノ谷、屋島、壇ノ浦で敗って滅亡させた。その後、頼朝と対立し、再び奥州藤原氏を頼るが、秀衡の子泰衡に襲われ、衣川で自刃。

＊4　パンク
一九七〇年代にイギリスとアメリカの若者を中心にして広まった、反体制のロック音楽やファッション。また、その若者たちをいう。奇抜な服装や過激な行動で、既存の価値観への反抗を表した。

＊5　ピカレスクロマン
下層階級の出身者や犯罪者、アウトローが主人公となり、さまざまな事件や冒険に遭遇する物語。「怪盗ルパン」や「ブラック・ジャッ

氏*9のいる東北の平泉に向かいますよね。すると途中で盗賊集団と出会って、義経は頭目クラスと戦って皆殺しにしてしまう。それから下総国《しもうさのくに》（千葉県北部と茨城県の一部）のほうにいる昔の知り合いを訪ねますけど、厄介者扱いされたというんで頭にきて館に火をかける。

高野　中国の兵法書『六韜《りくとう》』*10を手に入れるくだりもひどいですよね。義経は京都の祈禱《きとう》僧*11の鬼一法眼《おにいちほうげん》が秘蔵していることを知って、その邸宅に入り込み、使用人の女性や法眼の娘に手をつけて、その書物を盗み出させる。

清水　確かにピカレスクなんですよね。で、これらの話は町田さんの創作かというと、そうじゃなくて、どれも『義経記』に出てくる話で、もともとの義経がそういうキャラクターなんですよね。

高野　義経は最後は滅びちゃうでしょ。だから、生きている間は自由に暴れさせることができるという物語の仕組みになっているのかなと僕は思ったんですけどね。

清水　ああ、最後に政権を打ち立てるといったエンディングじゃないから。

ク」なども一種のピカレスクロマンである。

＊6　平治の乱
一一五九年、京都で起こった内乱。保元の乱後、勢力を伸ばした藤原通憲（信西［しんぜい］）・平清盛を排除しようとして、源義朝・藤原信頼が起こした。この戦いに清盛が勝利して、平氏政権が誕生した。

＊7　源氏と平家
清和天皇の流れをくむ源氏と、桓武天皇の流れをくむ平氏。それぞれ武家の棟梁として二大勢力であった。

＊8　鞍馬山
京都市左京区にある北山の一峰。標高約五七〇メートル。中腹に鞍馬寺がある。牛若丸（源義経）が天狗か

高野　政権を打ち立てる人は、もうちょっとちゃんとしてなきゃダメじゃないですか。源頼朝や徳川家康が破天荒なキャラのままだと、物語としてつじつまが合わなくなる。だけど、義経は最後はやられちゃうんで、それまでさんざん暴れさせても、読者は納得するというね。中国の『水滸伝』もそうですよね。

清水　世間から逸脱した存在だからこそ、最後は滅びるという仕組みになっていると考えることもできますね。

中世の社会と人々の心性を義経が自ら徹底解説

高野　『ギケイキ』では、『義経記』には書かれていないことを義経自身が説明している箇所も多いですよね。

清水　そうそう。それがかなり適切な説明なんですよ。

高野　たとえば、京都を出て平泉に出発する義経は「ファッション」にすごく気を使いますよね。なぜなら、地方の有力者である藤原氏は、武力と財力はもっているけれども、所詮《しょせん》は田舎者だから「華やかな生活」を決定的に欠いていて、彼らはそれを渇仰《かつごう》し

ら武術を学んだ伝説で知られる。

＊9　奥州藤原氏
平安中～後期の東北地方の豪族。平泉を拠点に絢爛とした地方文化を開花させた。初代清衡は後三年合戦で滅んだ清原氏の遺領を受け継ぎ、中尊寺金色堂を建立。二代基衡は毛越寺、三代秀衡は無量光院を建立した。四代泰衡のときに源義経をかくまった罪で源頼朝に討伐され滅亡した。

＊10　『六韜』
古代中国の兵法書。文韜・武韜・龍韜・虎韜・豹韜・犬韜の全六巻六〇編。周の太公望の作と称されるが、魏晋時代の偽作。

ているからだと、義経本人が力説する。

そんなことは当時の人たちにとっては言うまでもないことなんで、『義経記』には書かれていないわけですけど、『ギケイキ』は義経の魂が現代も生きているという設定だから、中世を俯瞰《ふかん》で説明できるわけですよね。主人公である義経が中世社会の解説役も兼ねている。

清水　義経が自身のアイデンティティについて、原典を補足する感じで語っているところもあって、「寄る辺のない、がために剛直な、自分の身内が辱めを受けたらそれを自分の恥辱と考えて復讐にいく、みたいな素朴な人間」とありますね。現代語を使いながら中世人の心性を非常に的確に説明している。

高野　それから武蔵坊弁慶*12の生い立ちのところ。最初に熊野別《くまのべっ》当《とう》*13弁聖《べんしょう》が、右大臣*14と婚約している姫君をさらって自分のものにしちゃうでしょ。それで後に弁慶が生まれることになるわけですが、怒った右大臣は院（上皇*15）に通報して、熊野との間で戦闘が起きるんだけど、なかなか姫君を奪還できない。

清水　これもなんかね、原典にもあるエピソードなんですが、す

*11　**祈禱僧**
病気や災難から身を守るための祈禱をする僧侶。本対談の底本である『新編日本古典文学全集　義経記』および町田『ギケイキ』は鬼一法眼を園城寺（おんじょうじ）の祈禱僧とするが、他の諸本では陰陽師法師とする。

*12　**武蔵坊弁慶（生没年不詳）**
平安末期の僧、源義経の郎党。熊野別当の子で、比叡山西塔の僧だったが、武芸を好み源義経に従ったとされる。怪力無双の荒法師と伝えられ、義経没落に際しては、安宅関（あたかのせき）で危難を救い、衣川合戦では立ち往生を遂げたなど、数々の伝説をもつ。

ごい話で。

高野　ほんとメチャクチャです。で、院庁[16]では幹部会議を開くんだけど、実は出席者全員が心の底から「どうでもいい」と思っていたと義経は解説するんですよね。「女をとったのとられたのと、そんなことは、はっきり言って家のなかで解決してほしい、にもかかわらず、それを院庁マターにして、こんな大事にするなんていったいなにを考えているのだ」。そうみんな思っていたと。

清水　その通りだったでしょうね。

高野　すごくリアルですよね。僕が会議に出ていたとしても、きっとそう思ったにちがいない（笑）。

清水　起きている事態は深刻だけど、それまでが茶番ですからね（笑）。

高野　でも、重要な場で茶番劇が起きているっていうのは、現代でもよく見られることじゃないですか。

清水　比叡山延暦寺[17]を出た弁慶が、兵庫県の書写山円教寺《しょしゃざんえんぎょうじ》[18]に修行に行って大暴れして、寺が焼失してしまうくだりも面白いですね。院と書写山で事態解決に向けて話し合いが行われますけど、

＊13　**熊野別当**
紀州熊野三山における実務上の最高職。一一世紀初めに出現し、以後、熊野別当家の世襲職となる。熊野別当家は紀伊国牟婁（むろ）郡・日高郡で在地領主化し、湛快（たんかい）・湛増（たんぞう）の活躍により勢力を拡大した。

＊14　**右大臣**
太政官の官職名。太政大臣・左大臣に次ぐ官職。原典『義経記』は、この右大臣を藤原師長（一一三八～九二）としているが、すべて架空の話である。

＊15　**院（上皇）**
天皇を退位した上皇・法皇などの御所。また、上皇・法皇に対する尊称。

当時、院と書写山は所領の帰属にまつわる問題も抱えていて、そこでも院は解決のための主導権をなかなか発揮できない。

その理由について義経は「あの頃の土地所有は複雑でひとつの土地にいろんなレベルで利権を有する者がいて、現地スタッフもそれに対応していろんな系統に分かれていたので一片の命令書で直ちに事態が動くわけではなかった」と説明を加えているんですよね。こんなに適切に荘園制の解説ができるとは、義経、すごいなと思います（笑）。

武士とヤクザが一体だった時代

高野　あとね、『ギケイキ』の中で義経は、兄の頼朝について「あの人の場合は、意識的に田舎者になった節がある」という言い方をしてるでしょ。これ、鋭くないですか。

清水　僕もそこ傍線を引きました。さりげなく鋭いと思います。

高野　ですよね。頼朝はあえて関東の田舎者になったからこそ、田舎者の世界でトップを張れた。

＊16　院庁
上皇が政務をとる場所。その組織。別当・判官代・蔵人、その他の院司を構成員とした。

＊17　比叡山延暦寺
滋賀県大津市にある天台宗の総本山。七八八年に最澄が開き、嵯峨天皇により大乗戒壇設立が許可され、延暦寺の寺号が下賜された。古代から中世にかけて衆徒三〇〇〇人を誇る大寺院となり、しばしば世俗権力にも対抗した。

＊18　書写山円教寺
兵庫県姫路市にある天台宗別格本山。九六六年、性空（しょうくう）により開山。「西の比叡山」と称される壮大な伽藍を誇る。なかでも大講堂・食堂・常行堂

清水　その選択は正しかったということですよね。鎌倉武士からも、高貴な人なのにオレたちのことをわかってくれるというシンパシーを得られるし。

高野　前回の対談で、平将門は天皇を名乗ったのに頼朝がそうしなかったのはなぜかという話になったじゃないですか。これに関しても、やっぱり頼朝は京都のことをよく知っていたというのが大きかったんだろうなと思いましたね。本物の権威というものがわかっていた。だから自分が天皇になるなんて考えもしなかった。

清水　田舎者になって、京都とはある程度距離をとっておいたほうが賢いなっていうふうに考えたんでしょうね。

高野　ただ、『ギケイキ』や『義経記』に描かれる荒くれの世界そのものは、『将門記』の世界に通じるものがありますよね。将門の乱は九四〇年に終わるから、二五〇年ぐらいたっているけど、あまり変わっていない。

清水　まあ、武士って、もともとそういうものだったんじゃないですか。

高野　ちょっと脱線しますと、以前、タレントのなべおさみさん

（いずれも重要文化財）は、数多くの映画・ドラマのロケ地としても使用されている。

が書いた『やくざと芸能と』（イースト・プレス）という本を読んだんですけど、なべさんというのはヤクザになりたかった人なんです。

清水　へえ、そうなんですか。昔、『ルックルックこんにちは』[*19]でやっていた「ドキュメント・女ののど自慢」の司会のイメージしかなかった。

高野　いや、ぜんぜん違うんですよ。若い頃は荒ぶる血を抑えられないようなケンカっぱやい人だったんですけど、本物のヤクザに「お前、育ちがいいんだからやめたほうがいいよ」って言われてやめたそうなんです。だけど、なべさんは今でもヤクザの世界にシンパシーを感じているらしくて、その本の中で、「ヤクザの本質は武士と同じだ」って主張しているんですね。農耕民は汗水流して稲を育て、商売人は銭を稼ぐために精を出す。堅気《かたぎ》は生活第一なんです。でも、ヤクザと武士は「男らしさ」のために生きる、と。なべさんはそこまで言ってないけれど、世の中には力で片づけなくてはいけないことが必ずあって、それを一手に引き受けてきたのが武士でありヤクザだっていう印象を僕はもちました。

＊19『ルックルックこんにちは』　一九七九〜二〇〇一年に日本テレビ系列で放送された朝のワイドショー。「ドキュメント・女ののど自慢」、ヨネスケの「突撃・隣の晩ごはん」は名物コーナー。なべおさみ（一九三九〜）は「ドキュメント・女ののど自慢」の初代司会を一九九一年まで務めた。

清水　それは合っているんじゃないですか。氏家幹人《みきと》さん[*20]という近世史の研究者が、そのものずばり『サムライとヤクザ』（ちくま文庫）という本を書いていて、中世までは武士とヤクザは一体だったと述べています。

冒頭で高野さんが言ったことにも関係しますけど、江戸時代になると、武士は支配階層になってサラリーマン化しますよね。統治者としての教養や倫理も身につけていく。だけど、そうすると、戦士としての俠気《きょうき》を示すことができなくなっていく。そのこぼれた部分を担ったのがヤクザだっていうのが氏家説です。つまり、折り目正しい武士の誕生とヤクザの誕生はパラレルなんですよ。

高野　ということは、やっぱり中世の武士はヤクザ集団、無頼の輩《やから》のイメージに近かったということなんでしょうね。

オレたちの頼朝、オレたちの鎌倉

清水　今回、対談に先立って、細川重男さん[*21]の『頼朝の武士団　将軍・御家人たちと本拠地・鎌倉』（洋泉社　歴史新書y）という

*20　氏家幹人（一九五四〜）歴史学者。福島県生まれ。専門は日本近世史。著書に『江戸藩邸物語』（角川ソフィア文庫）、『武士道とエロス』（講談社現代新書）など。

*21　細川重男（一九六二〜）歴史学者。東京都生まれ。専門は日本中世史。著書に『鎌倉政権得宗専制論』（吉川弘文館）、『北条氏と鎌倉幕府』（講談社選書メチエ）など。

本をお薦めしましたよね。『吾妻鏡《あづまかがみ》』*22をもとに頼朝周辺の御家人の生態を描いたもので、彼らの会話がチンピラ言葉で訳されている。

高野　読みました。『吾妻鏡』の原文を示しながら、チンピラ言葉ですからね。思い切った訳ですよね。

清水　ええ、ムチャクチャな感じに思えるかもしれないですけど、意外に訳としては正確なんです。しかも、鎌倉武士論として押さえるべきところも押さえている。

高野　当時、鎌倉にあった頼朝邸は御家人たちのたまり場みたいになっていて、御家人同士がすごろくをして遊んだり、酒を飲んでドンチャン騒ぎしたりしていた。つまり幕府は部活やサークルの部室とか、居酒屋とかカラオケボックスみたいな場だったと細川さんはダイレクトに書いてますよね（笑）。

清水　鎌倉武士はかなりお行儀の悪い連中なんですよね。ほんとにくだらないことで、すぐケンカしちゃうし。だって、北条義時*23の息子の重時*24が『六波羅殿御家訓《ろくはらどのごかくん》』*25という有名な家訓を残しているんですけど、その中に「時トシテ何《いか》ニ腹立事アリトモ、人ヲ殺

＊22　『吾妻鏡』
鎌倉幕府の歴史書。全五二巻（巻四五欠）。一一八〇年の源頼政の挙兵から一二六六年の前将軍宗尊（むねたか）親王の京都送還までの八七年間を日記体で記す。鎌倉幕府研究の基本史料。

＊23　北条義時（一一六三～一二二四）
鎌倉幕府第二代執権（在職一二〇五～二四）。時政の子。源頼朝の挙兵時から父とともに戦功をあげ、頼朝の信任を得る。父の失脚後、執権となり、和田義盛を滅ぼした後は侍所別当も兼任。源実朝の死後は姉政子とともに幕府の実権を掌握する。承久の乱で朝廷側を制して、幕府の支配を安定させた。

害スベカラズ」という一文があるんですよ。「どんなに腹が立っても、人を殺してはいけません」って、そのレベルのことが家訓になるんですから。

高野　でも、そういう連中を頼朝がしっかり束ねていたということですよね。

清水　頼朝は御家人一人ひとりをとても気にかけていて、ちょっとした機会に「頼りにしているからな」というメッセージを伝える。それで御家人はみんなクラッときちゃう。

高野　人望だけがすごい。中国の古典に出てくる棟梁みたいですよね。漢の劉邦《りゅうほう》*26とか『三国志演義』に描かれる蜀の劉備《りゅうび》みたいな。要するに頼朝って、武芸に優れているわけでもないし、知略に富んでいたり、軍事的才能があるわけでもない。でも器量がある。その器が本当に大きかったのかどうかはやや微妙だけど（笑）。

清水　情に厚いところもある。

高野　やっぱり憎めない性格で、人間的魅力があったんだろうなというのは、細川さんの本を読むと伝わってきますよね。僕は途中から勝手にタイトルを『オレたちの頼朝』に変えて読んでまし

*24　北条重時（一一九八～一二六一）
鎌倉前期の幕府首脳。義時の子、泰時の弟。六波羅探題、連署を歴任して、泰時・経時・時頼の執権政治を補佐した。家訓に『六波羅殿御家訓』『極楽寺殿御消息』がある。

*25　『六波羅殿御家訓』
鎌倉幕府の六波羅探題、北条重時が執筆した家訓。全四三条。子の長時に対して一家の主人としての心得、ひろく世間に交わるときの注意を細かに書き記した。

*26　劉邦（BC二四七～BC一九五）
前漢の初代皇帝（在位BC二〇二～BC一九五）。高祖。秦の始皇帝が死去した翌年に挙兵。のちに楚の項

た（笑）。

清水　細川さんの本には、頼朝が東大寺[*27]再建供養に臨むシーンが出てきますよね。

高野　あのシーン、他の本でも読んだことがあったんですが、その日は大雨が降っていて、貴族たちはみんな屋内に逃げてしまっているのに、頼朝や鎌倉武士団は屋外で微動だにせず整然と居並んでいたんですよね。ふだんは手がつけられないような無頼な連中が「主人に恥をかかせられない」という一心で、雨の中、立ち続けていたというのは、ちょっと感動的ですよね。

清水　貴族にしてみれば、かなり気味が悪かったのかなとも思いますけどね。

高野　頼朝は一一九〇年に上洛するじゃないですか。三〇年ぶりに故郷に帰ったわけですけど、そのときはもう頼朝にとっての故郷は鎌倉になっていて、細川さんの本では、京都から去るとき頼朝は「野郎ども。さあ、帰ろうぜ。オレたちの町に」とつぶやいたことになっている（笑）。

清水　そのセリフは史料にはないんですよ（笑）。

羽を破って天下統一を果たし、漢朝を創立。

＊27　東大寺
奈良市にある華厳宗大本山。聖武天皇の発願により創建。本尊の盧舎那仏（奈良の大仏）は、七五二年に開眼された。一一八〇年の平重衡の南都攻めにより被害を受けたが、重源（ちょうげん）が源頼朝の援助をうけ復興する。

高野　ここは想像なんでしょ。でも僕はもうウルウルして、すっごい感動しちゃった。

豪傑キャラの弁慶がツイッター攻撃に走る訳

清水　話を戻しましょうか。『ギケイキ』で僕が感心したのは、弁慶の扱い方なんですよ。弁慶って、『平家物語』や『吾妻鏡』にも名前が出てくるんで、実在の人物と見て間違いないんですけど、その活躍ぶりが語られるようになったのは『義経記』以降ぐらいからなんですね。

ただ、そうすると義経の存在がかすんじゃうんです。それまでは義経が豪傑キャラだったのに、そこにもう一人豪傑が出てくると、キャラがかぶっちゃう。だから、弁慶が活躍する物語が生まれると、義経像は「零落した貴公子」にシフトしていくんです。『西遊記』[*28]の中で、孫悟空が活躍しだすと、玄奘三蔵《げんじょうさんぞう》[*29]が史実とは異なって軟弱なキャラにされてしまうのにも通じるかもしれない。

高野　ああ、物語の中で棲み分けちゃうんですね。歌舞伎や人形

＊28　『西遊記』
明代に書かれた中国の長編通俗小説。呉承恩作と伝わる。唐の時代、仏典を求めて天竺を目指す三蔵法師が孫悟空・猪八戒・沙悟浄らを従え、妖怪たちと戦う物語。『三国志演義』『水滸伝』『金瓶梅』と並ぶ中国四大奇書の一つ。

＊29　玄奘三蔵（六〇二？～六六四）
中国、唐代初期の僧。仏教を究めるため、六二七（六二九？）年に長安を出発し、西域を越えてインドに行く。六四五年に帰国し、太宗の命で一三〇〇余巻の経典を翻訳する。旅行記に『大唐西域記』がある。『西遊記』の三蔵法師のモデル。

浄瑠璃の『勧進帳』[*30]みたいに逃避行の悲劇的なイメージが強調されるようになって、その結果、判官《はんがん》びいき[*31]という日本人の心情が形成されていくわけですよね。

清水　『義経記』にもそういう部分はちょっとあって、後半は義経があまり暴れなくなってくるんですよね。代わりに弁慶が活躍するんで。そのあたりを町田さんはどう処理するのかなと思って読んでいたら、『ギケイキ』の弁慶って、いろんな事情があって、ちょっと心を病んでいるんですよね。この作品は四巻で完結するそうですが、こういう弁慶の扱い方がたぶん後半部分に向けての工夫なんだろうなと思いました。

高野　町田さんは『告白』（中公文庫）という小説を書いているんです。明治時代に大阪で起きた河内《かわち》音頭[*32]でも歌われている「河内十人斬り」[*33]という大量殺人事件をモチーフにした長編なんですけど。その主人公と『ギケイキ』の弁慶のキャラクターは似ているんですよ。

清水　心の闇を抱えている？

高野　そう。『告白』の主人公は、自分が考えていることをうま

＊30　『勧進帳』
能の演目『安宅』を元に、江戸時代後期につくられた歌舞伎の演目。源頼朝の怒りを買った源義経一行が、北陸を通って奥州へ逃げる際の物語。

＊31　判官びいき
「ほうがんびいき」とも読む。不運の英雄である義経に同情・共感すること。源義経は検非違使の判官（四等級のうち三等職）に任じられていたため、後の世では義経のことを「判官」、義経に関する伝説や芝居、物語などを「判官もの」と呼んだ。

＊32　河内音頭
大阪府東部の河内地方で行われる伝統的な盆踊りの唄。幕末・明治初期に成立。昭

く言葉にできないという悩みを抱えていて、それがために世間の鼻つまみ者になり、暴力的になっていくんですよね。一見、粗暴なだけのように見えるけど、本人には本人なりの葛藤があって、周囲がそれに気づかないから、さらなる悲劇が生まれる、たぶん町田さんはそういうキャラクターが好きなんでしょうね。『ギケイキ』の弁慶も粗暴な反面で、すごく神経質で陰湿じゃないですか。

清水　書写山で暴れたのは、昼寝していたら顔に「下駄」と落書きされて傷ついたのがきっかけですし。

高野　暴れる前には、周囲に悪いうわさを流したりとかしているでしょ。『ギケイキ』では、「@shugyosha 修行者の人は書写山だけは行かない方がいいよ。書写山は修行者を使い捨てにするブラックテンプルだよ」とかって紙に書いてあちこちに貼る「呟《つぶや》き作戦」をやったっていうことになっているけど（笑）。

清水　実はこないだ関西に行く用事があって、一日空いたので、姫路市の書写山円教寺に行ってきたんですよ。初めて足を運んだんですが、山上までのロープウェーがあったり、室町時代の建物

和中期から河内音頭の新しい歌い手が登場し、全国的な人気を博すようになる。

＊33　河内十人斬り　一八九三年（明治二六年）、赤阪水分（あかさかすいぶん）村で起きた殺人事件。ばくち打ちの村民である城戸熊太郎とその舎弟の谷弥五郎が金銭トラブルや人間関係のもつれから、生まれたばかりの赤子を含む一一名を殺害。多くの新聞が取り上げたため、芝居の演目や小説となった。

が山の中のあちこちに残っていたりして、立派な観光地なんですね。

高野　へえ、てっきり焼けたっきりになっていたのかと思っていました。今でも存在するんですね。

清水　源平時代以前の建物が一つも残っていないのは、やっぱり弁慶の逸話のもとになったような大火がその頃にあったからなんでしょうけど。映画『ラストサムライ』[*34]や、去年（二〇一七年）封切られた『3月のライオン』[*35]でもロケ地として使われたとかで、地元も盛り上がってましたよ。

意外だったのは、弁慶が使ったとされる机が宝物として展示されていたり、弁慶が顔に落書きされたときにのぞき込んだという池が残っていたり、弁慶がお手玉の代わりに投げて遊んだという大きな石まであって、けっこう弁慶がアイドル扱いされているんですよね。円教寺にとって弁慶は災厄以外の何物でもなかっただろうと思うんですが。

高野　日本人は人気者に弱いんですねえ。

清水　寺の言い伝えでは、火事の原因をつくった弁慶はそれを深

＊34　『ラストサムライ』
エドワード・ズウィック監督のアメリカ映画。二〇〇三年公開。トム・クルーズ、渡辺謙出演。明治初期の日本を舞台に、アメリカ人士官（クルーズ）と不平士族（渡辺）の友情を描く。二〇〇四年度日本映画の興行成績第一位。

＊35　『3月のライオン』
大友啓史監督の日本映画。二〇一七年公開（二部作）。神木隆之介主演。羽海野（うみの）チカの人気将棋マンガを実写化。孤独を抱える天才少年棋士（神木）と周囲の人々の交流を描く。

く反省して、伽藍《がらん》再興の資金集めのために京都の五条橋[*36]で一〇〇〇本の刀を集め始めた、ということになっているそうです。弁慶伝説、なかなか奥が深いです。

敗者復活と流浪の旅を描くロードムービー

高野　『義経記』は室町時代の初め、南北朝時代に成立したと言われているんですよね。その頃の社会と、実際に義経が生きていた頃、つまり平安時代の末期の社会は、だいたい似たようなものだったんですか。

清水　武家権力の勢力拡大は無視できないですが、社会の意識は基本的には変わっていなかったと思います。

高野　なんでそんなことを訊《き》くかというと、義経も弁慶も、高貴な生まれなんだけれども、いてもらっては邪魔だという周囲の事情で最初は寺に預けられますよね。つまり中世の日本は、まず京都とそれ以外の地域に分かれていて、京都は俗世と寺の世界に分かれていた。京都の俗世で敗れた者は寺に行き、寺にもいられな

＊36　五条橋
洛中の五条通から鴨川をまたぐ橋。ただし、中世の五条通・五条橋は今の松原通・松原橋にあたり、現在とは場所が異なる。中世には、清水寺の参詣橋として賑わった。牛若丸（源義経）と弁慶が出会い、決闘した場所として有名で、現在の五条橋のたもとにも二人の石像が立つが、原典『義経記』では、二人の出会いは五条天神社であり、決闘の場所も清水寺とされている。

くなると京都の外、それも辺境に行く。義経や弁慶は東北や関東に行きますけど、そこは敗者復活を目指す場でもありますよね。

清水　ああ、確かにそうですね。主人公たちがアジール[*37]（避難所）を渡り歩く、というところが、この物語をダイナミックにしていることは間違いないですね。

僕が読んでいて、面白いなあと思ったのは、『六韜』を隠し持っている鬼一法眼とか、その弟子で義経を殺そうとして逆に殺される印地打《いんじう》ちの湛海《たんかい》とか、あやしい人たちがいろいろ出てくるじゃないですか。

高野　印地打ちというのは、石つぶてを投げて戦う人たち。

清水　そう。今で言うとチーマー[*38]みたいな、今、チーマーって言わないのか、DQN[*39]って言うの？　要するに、ヤンキーとかチンピラみたいなヤツ。

高野　半グレ[*40]みたいな有象無象《うぞうむぞう》がいた。

清水　ええ。当時は、もちろん武家も寺社も暴力装置をもっていたんですけど、それとは別に組織をつくって街にたむろしている人たちがいて、義経はそういう世界と接点をもっていたというこ

＊37　アジール　ドイツ語。犯罪者・負債者・奴隷などが逃げ込んだ場合、報復などの制裁から守られ、保護を得られる避難場所。聖地や寺社のアジール性は世界各地に見られたが、法体系の整備とともに消滅した。

＊38　チーマー　徒党を組み、街中にたむろする不良集団。一九八〇年代後半から一九九〇年代前半に隆盛した。

＊39　DQN（ドキュン）　インターネットスラングで、粗暴で知性が乏しい人を意味する蔑称。一九九〇年代にテレビ朝日で放送された、人生を踏みはずした人に取材したヒューマンバラエティ番組『目撃！ドキュン』

とになっているんですね。
あと、『義経記』によれば義経が京都を出て東北に行くのも、金商人の吉次宗高《きちじむねたか》*41（金売吉次《かねうり》）という奇妙な人物に誘われたからですよね。

高野　吉次は狂言回しですよね。今でも歴史小説の作家がつくり出しそうなキャラクターで、ああいう人物が出てくると、物語が面白く回っていく。

清水　場面転換上、必要なキャラで、よくぞ思いついたっていう人物なんですけど、さっきも言ったように、途中で義経は吉次と別れて下総に行き、そこからなぜか群馬のほうに行って、のちに家来になる伊勢三郎*42と知り合う。で、また福島で吉次とばったり出会うんだけど、平泉に着いた後、吉次は消えちゃうんですよね。

高野　面白いキャラなのにもったいない（笑）。

清水　原典にはそういう妙な登場の仕方をする人物が何人も出てくるんですが、各地に伝わる義経のいろいろな伝説を盛り込んでいった結果、そういう無理が生じたんじゃないかと、研究者の間では言われています。

が、名称の由来とされる。

*40　半グレ
暴力団に属さず暴力行為や犯罪を繰り返す集団。暴力団員と一般人の中間的な位置に存在する不良グループ。

*41　吉次宗高（生没年不詳）
金売吉次。平安末期、奥州の黄金と京都の物品を交易した伝説的商人。牛若丸（源義経）の庇護者となり、奥州の藤原秀衡のもとまで送り届けたとされる。

*42　伊勢三郎（?～一一八六）
伊勢義盛。平安末期の武士。出自は伊勢の山賊とも言われるが定かではなく、源義経に従い、源平の戦いで各地を転戦。義経が頼朝から

高野　そもそも平泉に行って、京都に戻って、また平泉に行くという展開自体、不自然ですよね。
清水　義経をいったん京都に戻らせたのは、『六韜』を手に入れたり、印地打ちの湛海と戦ったりするシーンを挿入するためですよね。そこを町田さんは読者が違和感をおぼえないようにうまく処理していると思います。ちなみに『義経記』研究の第一人者は角川源義《かどかわげんよし》*43さんなんですよ。
高野　えー、そうなんだ。
清水　角川書店の創業者で、国文学の研究者で、俳人でもあって、角川春樹さんと歴彦《つぐひこ》さんのお父さんですね。『義経記』には各地のいろいろな伝説が流れ込んでいるというのも角川源義説なんです（参考：角川源義『語り物文芸の発生』東京堂出版）。
高野　すごいですね。出版社を経営しながら、そんな研究もするって。
清水　その一方で角川源義さんは、僕の大学時代の指導教授だった藤木久志*44さんとか、その同世代の研究者の勝俣鎮夫さんとか優秀な日本史研究者や国文学研究者を若い頃に金銭面で支援したり、

追われると、単独で伊勢に逃れるも、捕らえられて処刑される。原典『義経記』では、平泉で義経と運命をともにする。

*43 角川源義（一九一七〜七五）
角川書店創業者。国文学者。俳人。富山県生まれ。國學院大學で柳田國男、折口信夫に師事する。一九四五年に角川書店を創業。国文学・歴史学のジャンルを代表する出版社に発展させた。

*44 藤木久志（一九三三〜二〇一九）
歴史学者。立教大学名誉教授。新潟県生まれ。専門は日本中世史。戦国時代研究の第一人者。当時の庶民生活の実像を豊富な史料から明らかにし、戦国時代像を

アルバイトを紹介したりしていたそうなんです。まだ二〇代ぐらいの藤木さん、勝俣さんに「君ら、手に入らない本で読みたいのはあるか」って言って、「こういう史料集が欲しいです」と藤木さんたちが言うと、「じゃ、うちで復刊してあげる。その代わり、過去に出た本の版権を買って出すだけではみっともないから、君らで索引をつくれ」って言って、アパートの部屋を借りてくれて、そこでひと夏、藤木さんたちに合宿で索引をつくらせて、原稿料以上のお金を払ってくれた、と藤木さんから聞きました。

高野　美しい話ですね。

清水　今どきそんな経営者いないですよね。たぶん自身も研究者なんで、学問全体を底上げしたいという意識があったんでしょうね。角川って、映画事業に参入する前までは「硬派の出版社」という定評があったんですよ。今でも角川文庫では古典を出し続けていますよね。あれもたぶん角川源義さん以来の伝統だと思います。それに、日本史学と国文学の世界で一番権威のある賞は角川源義賞ですからね。世間的にはあまり知られてないかもしれないけど。

一新させた。著書に『豊臣平和令と戦国社会』（東京大学出版会）、『雑兵たちの戦場──中世の傭兵と奴隷狩り』（朝日選書）、『刀狩り』（岩波新書）など。

高野　角川源義説の通り、『義経記』にはいろいろな伝説が流れ込んでいるとしても、義経が平泉から関東に戻って頼朝軍と合流して、それから平家をやっつけるために下関あたりまで行って、その後、関東に行ったり京都に行ったりした末に、また平泉まで逃げて、そこで討たれているのは確かなわけですよね。あの時代にあんなに長距離を移動した人って、あまりいないんじゃないかと思うんですけど。

清水　有名人ではいないかもしれないです。

高野　最後はモンゴル[*45]まで行ってますからね（笑）。

清水　それはともかく（笑）、『義経記』も『ギケイキ』もロードムービー[*46]的ですよね。場面転換が多くて、その中で主人公がさまざまなことを経験していく。しかも、周囲には弁慶とか伊勢三郎といった、ちょっとうさんくさい連中がいて、そこが集団の魅力になっている。

高野　ロードムービーとして成り立つのも、やっぱり義経が若くして死んだからでしょうね。高貴な生まれだけど外れ者だった、やんちゃで無謀な若者が妙な家来たちを従えて出世していく。だ

＊45　モンゴル
源義経は衣川では死なず、北海道から大陸に逃れ、チンギス＝ハーン（?～一二二七）としてモンゴル帝国を創設したという伝説が現在に至るまで、一部の人々の間で根強く信じられている。この説は希望的憶測と想像力からなり、有力な証拠はまったく確認されていない。

＊46　ロードムービー
旅を主軸として、その途中で起こるさまざまな出来事を描写した映画のジャンル。『幸福の黄色いハンカチ』『スタンド・バイ・ミー』などが代表的。

けど、平家を倒した後は各地を流浪せざるをえなくなる。これ、まさにロードムービーじゃないですか。青春記の趣もある。

清水　なるほど。おじいさんになるまで長生きしちゃうと、ロードムービーにはならない。

高野　今回は清水さんとお話しして、町田さんの中世に対する解釈や読みは鋭いということが確認できました。

清水　第一巻は頼朝との出会いまでで、ひとまず終わり。この先、どうなるんでしょうね。完結の折にはぜひ映像化してほしいな。実写だと面白くなくなりそうだから、深夜アニメがいいんじゃないでしょうか。フラッシュアニメみたいなチープな感じのタッチのアニメが向いていると思います。

第六章　『ピダハン』

——あらゆる常識を超越する少数民族

『ピダハン「言語本能」を超える文化と世界観』

ダニエル・L・エヴェレット著、屋代通子訳／みすず書房
二〇一二年／三四〇〇円+税

ブラジル・アマゾン奥地に暮らす少数民族ピダハンのユニークな言語と認知世界をユーモアも交えて描く科学ノンフィクション。著者はプロテスタントの伝道師兼言語学者としてピダハンの村を訪れ、ピダハン語の聖書をつくるという使命を果たすため、その文化と言語を学ぶ。しかし、その過程で、ピダハンの文化が何百年にもわたって文明の影響を受けなかった理由や、ピダハンの生活や思考の根本を成す堅固な哲学を知った著者は、すべての言語には共通する基本ルールがあり、そのルールは脳に由来するというノーム・チョムスキーの「普遍文法」理論に疑問を抱き始める。さらには自らの信仰にも揺らぎが生じ、無神論へと導かれていく。原題は"DON'T SLEEP, THERE ARE SNAKES"（寝るなよ、ヘビがいるから）で、これはピダハンたちが夜に交わす「おやすみ」の挨拶。

ダニエル・L・エヴェレット

言語人類学者。一九五一年、米カリフォルニア州生まれ。ベントレー大学Arts and Sciences部門長。七五年、ムーディー聖書学院を卒業後、あらゆる言語への聖書の翻訳と伝道を目指す夏期言語講習会（現・国際ＳＩＬ）に入会。七七年、ピダハンに布教する任務を与えられてブラジルに渡り、以来約三〇年以上にわたって研究を続ける。日本では二〇一二年一二月、著者とピダハンを紹介する海外ドキュメンタリーがＮＨＫ教育テレビ『地球ドラマチック』で放送され、反響を呼んだ。

「藤木式メモ」

高野　このね、本の「見返し」[*1]の部分に、何ページにどんなことが書いてあるかをメモするという清水さんに教わったやり方、最高にいいですよ。
清水　でしょ。
高野　付箋《ふせん》を貼っても傍線を引いても、結局、手元にメモしておかないと、どこに何が書いてあるのかわからなくなるんだけど、本自体にメモしておけば、一目でわかる。
清水　そう。自分で索引をつくっちゃうんですよね。
高野　メモ帳いらない。
清水　それにしても、僕以上に書き込んでいますね。
高野　もう何でも書いちゃってます（笑）。僕もね、言語のテキストなんかでは同じことをやっていたんですよ。たとえば、ソマリ語のテキストの見返しに「複数・単数の説明は何ページ」とかって書くのは。だけど、ふつうの本でもそうするっていう発想が

*1　見返し
書籍の表裏両表紙と本文の間にある紙。書籍の中身と表紙を結合させるためのもの。二ページ大で、一方は表紙の内側に貼りつけ、もう一方は中身に接して遊び紙とする。

なくて。これを教わったのは、この読書会における大きな収穫ですよ。

清水　だけど、このやり方をしていると、本を他人に貸せないし、古本屋に売れないいんですけどね。

高野　メモの取り方としてはベストだと思いますよ。「清水法」と呼びますか（笑）。

清水　もとをただすと、これは恩師の藤木久志先生に教わった方法ですからね。僕の名前が先に出ちゃうと、ちょっとまずいです。

高野　じゃ、「藤木・清水法」とか。

清水　いやいや、畏《おそ》れ多いんで、「藤木式メモ」ぐらいにしてください。とにかく、そういうことにしておいて、そろそろ始めますか。

高野　そうしましょう。

数もない、左右もない、呪術や神話もない

高野　今回も僕が選んだ本になっちゃったんですけど。この本に出てくるピダハンという人たちの特異さは、アマゾンの他の先住民や世界の辺境に住むいろいろな少数民族と比べても、際立っていますよね。

清水　想像を超えてますね。

高野　どう理解していいのか、ちょっと困っちゃいますね。なんでこの人たちは、こんなに違うのか。

清水　僕がまずびっくりしたのは、ピダハン語には数の概念がないっていうことですね。それから左右もない。彼らは方角を川の「上流」「下流」で表すんですよね。

高野　男性は短パンをはいているし、女性はワンピースみたいなのを着ていて、見かけはわりとふつうなんですけどね。他のアマゾンの民族みたいに体に羽根飾りをつけたりペインティングしたりしない。たぶんそれは儀式がないからでしょう。積極的な呪術もないみたいですね。悪霊除《よ》けのネックレスがあるくらいで。つまり、ピダハンには非日常がないんですね。だって神もいないし、神話もないんだから。

清水　ハレとケ[*2]がないんだ、そもそも。

＊2　ハレとケ　晴れと褻（け）。ハレは祭礼や冠婚葬祭など特別な時間と空間、ケは日常的な時間と空間を表す。日本人の生活リズムを表す対概念として、柳田國男によって提起された。

高野　森で精霊とは会っているみたいだけど、それもしょっちゅうなんで、非日常とは言えないんだろうし。
清水　一年間というサイクルもないんですかね。
高野　暦については本に出てきませんけど、ないんでしょうね、きっと。
清水　年齢は？
高野　だって数がないんだもん（笑）。
清水　そうか（笑）。だから親族呼称は「親」「同胞」「息子」「娘」しかなくて、「兄」とか「弟」はないのか。年齢がないと、兄弟姉妹の序列は表しようがないですもんね。
　そういう家族語彙の少なさも、僕には衝撃的でしたね。ほら、父系原理が日本よりも徹底している中国や韓国なんかは「祖父」と言っても父方の祖父と母方の祖父を別の語彙で表すじゃないですか。それに比べると、日本はそれほど家族語彙は細分化されていない。欧米社会なんかは、さらに兄弟姉妹の区分も曖昧。兄も弟も同じ「ブラザー」。でも、ピダハンは、それよりももっとラフになってるんですね。しかも、そういう家族観が、ずっと変わらなかったというのが不思議です。

高野　二〇一六年、ＮＨＫが『大アマゾン　最後の秘境』[*3]というドキュメンタリーシリーズを放送して、その第四集が『最後のイゾラド　森の果て　未知の人々』でしたよね。その中に出てくるイゾラドは文明社会と接触していない人々だから、彼らがすごく特殊な文化をもっていたとしても、それはそれでわからないこともないんです。

　だけど、ピダハンは外界としょっちゅう接触しているんですよね。村に交易船も来るし、ブラジル人の商売人とかからショットガンやマチェーテ[*4]（山刀）などの文明の利器も手に入れている。集落の近くには日本人の釣り人までやってくるっていうんですよ。なのに、ピダハンは文化に関しては外の世界のものを受け入れない。

清水　自分たちのほうが優れているという意識があるんですよね。

高野　そうそう。選民意識みたいなのがある。

　数の概念がないというのはね、僕はちょっと理解できるんですよ。というのも、以前、ブラジルとペルーの国境地帯に暮らす先

＊3　『大アマゾン　最後の秘境』「最後の秘境」アマゾン川流域に、ＮＨＫのカメラが深く分け入り、怪魚、巨大ザル、金鉱掘りなどを追ったシリーズ。二〇一六年四月～八月に第一集から第四集が放送された。

＊4　マチェーテ　アフリカや南米などで使用される山刀。マチェットとも呼ばれる。

住民の村に行ったとき、面白いなと思ったんですけど、彼らは一般的なことを言わない人たちだったんですよ。

清水　「一般的」って、たとえばどういうことですか？

高野　ある家に泊めてもらって、夜、宴会になったんですけど、彼らが動物の鳴きまねをやり始めて。僕が「ジャガーをやってくれ」[*5]と言うと、「あー、遠くにジャガーがいる、ウッウッウッ。だんだん近づいてきた、ウォッウォッウォッ。今度は腹を空かしたジャガーだ、グォーグォーグォー、メスを呼んでいるオスもいる、ンーンーンー。子どもも出てきた、ミャーミャーミャー」というふうに、いちいち具体的な場面を設定して鳴き声をまねるんです。

清水　シチュエーションごと切り取らないと、まねできないんですか。

高野　そうそう。彼らの中には「一般的なジャガー」は存在しないんです。それはけっこうびっくりしたんですよ。

清水　あれ、その話、『巨流アマゾンを遡れ』[*6]（集英社文庫、二〇〇三年）に書いてました？

*5　ジャガー
メキシコから南米の森林に生息するネコ科動物。体長約一・一～一・九メートルで、体型や体の模様はヒョウに似ている。

*6　『巨流アマゾンを遡れ』
アマゾン川本流の河口から最長源流まで六七七〇キロを約四カ月かけて遡った高野がつづった旅行記。

高野　そうそう。書いてます。
清水　やっぱり。で、そのことと数の概念はどういうふうに……。
高野　ピダハンも一般化や抽象化をしないってことですよ。たとえば、ほら、ある種類の魚がいるとして、形や大きさはみんな多少は違うでしょ。なのに、それを一匹、二匹って数えるのはおかしいっていうふうにピダハンは考えるんだと思うんですよ。違うものをなんで一括《ひとくく》りにするんだと。
清水　なるほど。それは、僕が研究している日本の中世人の感覚すらも超えてますねえ（笑）。

直接体験しか信じない人々に神の言葉を伝えられるか

清水　ピダハンの思考には「直接体験の法則」というのがあって、彼らは自分が経験したことか、実際に経験した人から直接聞いたことしか話さないんですよね。だから儀式や口承が成り立たない。
高野　この本の著者ダニエル・L・エヴェレットは、言語学者でプロテスタントの伝道師[*7]でもありますけど、布教に苦労してます

＊7　伝道師　主にキリスト教の聖公会・プロテスタントで、その教えを伝え広めて、未信仰者に入信を促す人。牧師ではなく、それに準じる地位にある。

よね。

アマゾンは相当な奥地でもキリスト教が入っているんですよ。最初は宣教師[*8]や伝道師がモノをくれるから、先住民たちもキリスト教に興味をもつんでしょうけど、接触を深めていくうちに、だんだん「ああ、神様はいるのか」とか、「世界はこういうふうにできているのか」と思うようになって、説得されていくわけですよね。

清水 日本の戦国時代もそんな感じですよね。日本人も最初はモノ目当てで宣教師に近づいていって、その中から信仰心をもつ人たちが出てくる。

高野 だけど、ピダハンは直接体験しか信じないから、著者がイエスの話をしても、「誰がその男に会ったのか」と返されちゃう（笑）。

清水 伝道師泣かせですよね。

高野 著者にはかつて継母がいて、彼女の自殺が信仰に目覚めるきっかけになったんですよね。でも、この話をピダハンにすると、爆笑されてしまう。

＊8　宣教師
キリスト教の布教に従事する司祭や牧師。特に欧米の教会から派遣され、アジア・アフリカなど各地に行く人々。

清水　著者としては、とっておきの話をするつもりでまじめに打ち明けたのに、「愚かだな。ピダハンは自分で自分を殺したりしない」と言われてしまう。

高野　ほんとに取りつく島がない。

清水　もともと積極的な呪術や儀式がないっていうことも、布教のきっかけがつくりにくいことと関係があるんですかね。

高野　それは絶対にありますよ。呪術を大事にしている人たちは、よそから来た人間が薬で病気を治したりすると、「とてつもない呪術の持ち主だ」ってあがめたりするわけですよね。自分たちがやっている儀式よりもおおげさで複雑な手順の儀式を見れば、「すごい！」って圧倒されるし。

清水　布教する側からしたら、相手にそう思わせれば勝ちですよね。

高野　実際、キリスト教も仏教もそうやって他の宗教に取って代わっていったわけでしょ。

清水　ところが、ピダハンにはそもそも御利益という観念も将来に対する不安もない。著者は、今の生活に満ち足りている人々に、あなたたちは迷える羊[*9]だとわからせるためには、どうすればいいんだろうって悩んでいますよね。
高野　そういうあなたが迷える羊だって（笑）。ピダハンって、ある意味、悟っている人たちですよね。
清水　悟ろうとしていないという意味でも悟ってますよね。
高野　そう、解脱《げだつ》[*10]集団、人類の最終形態かもしれない。
清水　そうですね。死というものをすごく割り切って考えているし。ほら、赤ん坊を安楽死させるシーンがあるじゃないですか。若い母親が出産の後に死んで、著者は赤ん坊だけでも助けようと、チューブでミルクを飲ませたりするんですが、ピダハンは「赤ん坊は苦しんでいる、死にたがっていた」と言って、著者が家を空けている間に、赤ん坊にカシャーサ（サトウキビを原料とした蒸留酒）を飲ませて死なせてしまう。
高野　彼らは最初から「赤ん坊は死ぬ。乳をやる母親がいない」と言うんですよね。
清水　苦しみを長引かせてはいけないという認識なんですよね。それと、ピダハンにとって死は日常だから、人が死んでもそんな

＊9　迷える羊
群れから離れてさまよっている羊。迷いの多い無力な者のたとえ。『旧約聖書』イザヤ書五三章、『新約聖書』マタイ伝一〇章・一八章などが出典。「ストレイシープ（stray sheep）」の訳語だが、しばしば日本では「迷える小羊」と言い慣わされる。羊は群れで行動するため、本来「小羊」でなくても群れからはぐれたり、先導する羊が道を誤ると迷走しがちになる。「小羊」の表記は、羊の生態・習性を知らない日本人の文化背景に由来する可能性がある。

＊10　解脱
現世の苦悩から解放されて絶対自由の境地に達すること。

に悲しまない。死を身近なものと考えられない著者のほうが、死に対する強い恐怖心を抱いている。

高野　ミャンマーのワ州に住んでいたときの話なんですけどね、ワ人は同じ集落の知り合いが死んでも、あまり悲しまないんですよね。もちろん家族は悲しんでいるけども、それ以外の人は「あの人、死んじゃったね」「あー、死んじゃったよ」とか言って、なんかね、ゲラゲラ笑ったりして。

清水　さすがに遺族の前ではないでしょ。

高野　遺族の前ではないけど、葬式が始まると、みんな酒飲んで大騒ぎしてました。しめやかにやらないんです。

清水　ああ、日本でも地域によって、そういう感じは昔はあったって言いますよね。とくに高齢者の大往生の場合とか。

　　あるものを食べ、昼夜を区別せず、
　　　わりと簡単に不倫し、ふざけ合う

清水　ピダハンは食料を保存しないんですよね。肉を塩漬けにしたり燻製《くんせい》にしたりもしない。

高野　方法は知っていて、ブラジル人と交換するときは、肉を塩漬けとか燻製にして持っていくんですよね。だけど、自分たちのために保存加工することはない。これも不思議ですよね。

清水　で、食べ物はなくなるまで食べる。だから、初めて都会に行ったピダハンは、大量のタンパク質と炭水化物を食べまくっちゃうんだけど、一日三食という習慣がないから、三食目になると「また食べるのか」と困惑する。

高野　食料を貯蔵しないのは、貯蔵しなくても大丈夫なくらい、自然に恵まれているからでもあるんでしょうね。

清水　ああ、お腹がすいたら狩猟や採集に行けばいいから。

高野　逆に食べないときは、一日まったく食べなくても平気なんでしょ。

清水　そういうふうにいつでも食料が手に入る状態でいると、将来のことを考えたり、先の計画を立てたりしにくくなるんですかね。

高野　しにくくなるでしょうね。あと、アマゾンは気候の変化が比較的少ないということも関係あると思いますよ。

清水　ああ、四季がないから。

清水　先日たまたま、国文学者の佐竹昭広さん[*11]が書かれた『古語雑《こござう》談《たん》』（平凡社ライブラリー）というエッセイ集を読んでいたんです。その中に、中世の日本人が書いた注釈書を紹介するくだりがあって、その書物では「懈怠《けたい》」と「懶惰《らんだ》」という二つの言葉の意味が説明されているそうなんです。懈怠と懶惰は、強いて訳せばどちらも「怠ける」という意味ですけど、中世では、懈怠は「今日やることを明日やること」、懶惰は「明日やることを今日やること」だったんですって。

高野　へえ。明日やることを今日やるのが、なんで怠けることになるんですか。

清水　たとえば、夏休みの宿題を七月のうちに全部片づけちゃって、八月はずっと遊んじゃう子どもっていますよね。ああいうのは「勤勉」とは言わないじゃないですか。あれはあれで怠けている。

高野　時機を待てないのはよくないっていうのもあるんですかね。

＊11　佐竹昭広（一九二七～二〇〇八）　国文学者。京都大学名誉教授。東京生まれ。著書に『下剋上の文学』（ちくま学芸文庫）、『民話の思想』（中公文庫）など。

たとえば、田んぼの草取りをするタイミングは決まっているのに、前倒しでやるのはよくないとか。

清水　そうそう。その日にやるべきことは別にあるはずなのに、それをやらないのはズボラなんだと。抽象的な言い方をすれば、その日その日を充実させていないっていうことですかね。近代はむしろ仕事を前倒しにして次々にこなしていくのが美徳なわけですよね。それに比べて、中世人は必要以上の仕事をやることを良しとしない。そのあたりはピダハンと似ているのかなと思ったんですけど。

高野　でも、日本の中世人は今日とか明日という時間は気にしていたわけで、そこは農民的な考え方ですよね。その点、ピダハンは時間の感覚がないじゃないですか。昼夜の区別がほとんどなくて、夜に狩りや漁に行ったりするでしょ。

清水　ああ、そうか。

高野　なにしろ「おやすみ」の挨拶が、「寝るなよ」ですから（笑）。

清水　「ジャングルにいるヘビに気をつけろ」という意味なんで

すよね。

もう一つね、僕が気になったのは家族のあり方なんですけど。ピダハンの社会では、婚姻は同棲することで認知されるとか、婿入りの村と嫁入りの村が混在していて、どちらのパターンにもはっきり当てはまらない村もある、とありますね。

これは平安時代以前の日本の婚姻制度と同じですね。当時の日本社会の婚姻は、父系も母系もあって、なんとなーく同棲が始まったり、なんとなーく離婚が成立するみたいな感じだったんです。

高野　ピダハンも夫婦関係はゆるくて、わりと簡単に不倫をするんですよね。でも、女遊びをした男も、かみさんに一日中、髪を引っ張られて叩かれるのを我慢してニコニコしていれば、元のさやに収まることができる。

清水　父系・母系[*12]というどちらかのルールが貫かれていないと、そういうふうになっちゃうんですかね。

高野　僕が知っている民族の中だとね、ピダハンは、コンゴ民主共和国[*13]の狩猟採集民で昔はピグミーと呼ばれた、ムブティという人たちに、なんだか、ちょっと雰囲気が似てますね。

＊12　父系・母系
家系が父方の系統で相続される制度や慣習が父系制、母方の系統で相続されるのが母系制。財産や地位、称号などが相続の対象となる。父系制社会には夫方居住婚、母系制社会には妻方居住婚がともなうことが多い。ちなみに、日本社会は古くは父系でも母系でもない双方制で、中世以降に父系制が浸透していったという説が有力である。

＊13　コンゴ民主共和国
アフリカ中央部の国家。旧ザイール。首都はキンシャサ。

清水　どういう雰囲気なんですか。

高野　なんか、すっごく楽しそうで、四六時中、冗談を言ってゲラゲラ笑っているんですよ。彼らも農業をやっていないから、たぶん暦的な感覚もないと思うし、とにかく幸せそうですよ。

一度、彼らの狩りについていったとき、たまたま巨大なニシキヘビを見つけたことがあったんです。草むらの中にいるヘビに矢を射ると、当たった矢が立つじゃないですか。ヘビは草に隠れて見えないんだけど、ヘビが動くと、刺さった矢が動くのが見えるわけですよ、何本も。それを見てね、みんな、腹を抱えて笑っている。

で、そのうち、ヘビが弱ってくると、恐る恐る近づいて頭をポンと叩いてね、ギャーッて言って逃げてくる。それがまたバカうけで、みんなで代わる代わるやって大喜びしてました。

清水　小学生みたい（笑）。

高野　ピンポンダッシュ[*14]みたいな。

清水　でも、それ、大人が生活の糧を得るために猟としてやっているんですよね。

＊14　ピンポンダッシュ　他人の家の呼び鈴を鳴らして逃げるいたずら。

高野　大事な仕事なんですよ。でも遊んでいるようにしか見えない。ピダハンの雰囲気もあんな感じに近いんじゃないかなと思いました。この本にも、ピダハンの男二人がお互いの性器を握って、笑って背中を叩き合いながら床を転げ回っていた、という話が出てくるじゃないですか（笑）。

清水　そういう、われわれから見ればくだらないことを、実に楽しそうにやる人たちなんですよね（笑）。

子どもを子ども扱いせず、カヌーをつくれるのにつくらない

清水　家族観に関してもう一つ言いますと、ピダハンは子どもを大人と同等に見るでしょ。赤ちゃん言葉で話しかけないし、刃物で遊ばせたりする。そのことに著者は最初かなり驚いている。

高野　子どもを子ども扱いしないというのは、辺境の社会ではわりとふつうですよね。

清水　著者が違和感を抱いたのは、西洋人には「子ども」という

概念があるからで、たぶんピダハンの世界では子どもは「小さな大人」なんですよね。その西洋でも近代以前は「子ども」という概念はなくて、子どもは「小さな大人」だったとフィリップ・アリエスが[*15]『〈子供〉の誕生』（みすず書房）で書いていますけど。

ヨーロッパでは近代以降、子どもが保護と教育の対象になっていくんですよね。だから、明治に入って日本にやってきた西洋人は一様に、日本の子どもは大人びているという証言を残しているんですが、当時はまだ、子どもを子どもとして扱う西洋のほうが特殊だったんですよね。

高野　アフリカの紛争を伝えるニュースなんかで、「少年兵」という言葉が使われるじゃないですか。この前、海外ニュースを見ていたら、一六歳とか一七歳の兵士を「少年兵」と言っているんですよ。

清水　それはアフリカでは立派な大人じゃないですか。

高野　大人でしょ。欧米だったらハイスクールの生徒の年齢かもしれないけど、アフリカの田舎では一五歳、一六歳で結婚したりするわけだから。さすがに八歳、九歳の兵士がいたら「少年兵」

＊15　フィリップ・アリエス（一九一四～八四）フランスの歴史家。社会史、心性史に大きな業績を残した。ながく大学の教職に就かず、「日曜歴史家」と称された。『〈子供〉の誕生』は代表作。

だと思うけど。

清水　確かに。

高野　西洋人には子どもに関するちょっとしたバイアスがあって、この本の著者にもそんなところが感じられますよね。

清水　そう。西洋人的なものの見方がわかって、そこも面白いところではありますね。

道具についてはどう思いましたか。ピダハンは道具類をほとんどつくらず、「加工品を作るにしても、長くもたせるようなものは作らない」、とありますよね。近代以前の社会では道具を大事にするものだと思うんですが、ピダハンはヤシの葉で籠を編んでも、一、二度使ったら、弱くなるので捨ててしまうし、長持ちするような籠を編んだりもしない。必要なときにつくって、使い終わったら捨てて、次に必要になったらまたつくればいいという考え方なんですかね。

高野　レヴィ＝ストロース[*16]の言う「ブリコラージュ[*17]（器用仕事）」ですよね。あり合わせのものを使って適当に道具をつくる。コンゴとかでも、そういうのはちょっとあるんですよ。たとえば、槍《やり》

＊16　クロード・レヴィ＝ストロース（一九〇八～二〇〇九）
フランスの社会人類学者。人類学に構造主義的方法を導入し、親族の研究や神話の構造分析などを行う。今日に至る現代思想に多大な影響を与えた。著書に『野生の思考』（みすず書房）、『悲しき熱帯』（中央公論新社）など。

＊17　ブリコラージュ
手に入るものをやりくりして、当座の間に合わせにすること。レヴィ＝ストロースは、これを「野生の思考」の典型として挙げ、一からシステマティックにものをつくる近代的な方法と対峙させた。レヴィ＝ストロースによれば、各民族の神話も他の神話や事実の寄

をちゃんとつくらないことが多々あるんです。ヤシの葉っぱを拾って、真ん中の部分を槍の柄にする。とりあえずそんな感じにして何日か使うんです。

清水　もっとしっかりしたものをつくったほうが効率がいいとは考えないんですか。

高野　と僕も思うときもあるんだけど、狩りに使う槍はそれで十分らしくて、柄が壊れたら、穂先だけ持って帰ってくる。ということは、そもそも柄は持っていなくてもいいのかもしれない。

清水　現地調達でいいと。

高野　持ち運びに便利ですしね。そういうブリコラージュの例はよくあるんですよ。でもピダハンほど徹底しているのは珍しいかもしれない。

清水　道具を資産として所有するという考え方がないんですね。

高野　ないんでしょう。だって、彼らはカヌーのつくり方を知っているのに、めったにつくらないんでしょ。

清水　でも、たとえば縄文人だって、いろいろ技巧を凝らして土器をつくっていたわけでしょ。そこまでいかないにしても、ピダ

せ集めであり、ブリコラージュだということになる。

ハンも煮炊きはするんだし、今は物々交換で鍋が手に入るとしても、それ以前はどうしていたんでしょうね。

高野　そうですよね。今はショットガンもマチェーテも持っているけど、道具を持っていなかった頃は、アマゾンでいったいどうやって生きていけたのかなと思いますよね。ほんとにずっと、今みたいな生活をしていたのか。

日本人はピダハン語習得に向いている？

清水　この本では、ピダハンの言語についても、かなり詳しく論じられていますよね。ピダハン語には関係節がないんですよね。たとえば「ダン（著者のこと）が買ってきた針を持ってきてくれ」とは言わずに、「針を持ってきてくれ。ダンがその針を買った。同じ針だ」と話す。

高野　複文がないっていうことですよね。でも、それだったら、わりとおぼえやすいんじゃないかっていう気もする。

著者は、ピダハン語の名詞には複数形がないから、「ピダハンが悪霊を恐れる」と言う場合、ピダハンが一人なのか複数なのか、悪霊が一体なのか複数なのかがあいまいだと書いているでしょ。だけど、それを言うなら、日本語だってそうじゃないですか。

清水　そうそう。

高野　ピダハン語の動詞は複雑で、接尾辞を最大一六もとることがあると著者は言うけど、これも日本語と似ていますよ。たとえば「食べる」という動詞には「食べたい」「食べたらしい」「食べにくい」っていうふうに接尾辞がいろいろつくでしょ。あと、ピダハン語は母音が三つ、子音が七つか八つしかなくて、音素が少ない代わりに声調があるという説明もしているけど、日本語も音素は少ないし、「箸」と「橋」みたいにアクセントによって意味が変わる言葉があるじゃないですか。

清水　案外、日本語はピダハン語寄りなんですね。著者はアメリカ人なので、ピダハン語をおぼえるときに、日本人ならしなくてもすむ苦労をしているのかもしれない。

高野　意外とピダハン語って、日本人にとっては習得しやすい言語なんじゃないかと思いましたね。

伝道師兼言語学者が疑いを抱いた「普遍性」というモチーフ

清水　ピダハン語には文字がありませんよね。それなのに、伝道師である著者は聖書を翻訳しようとしているじゃないですか。これ、何なんですか？

高野　文字をもたない民族にキリスト教を布教する場合は、まずその民族の言語体系を調べ上げて、アルファベットで表記できるようにして、それから聖書をつくるんですよ。

清水　で、彼らにアルファベットを？

高野　教えるんですよ。

清水　すごいエネルギーですね。

高野　それが神から与えられた使命だと伝道師たちは思っているんでしょうね。布教するときは、どこの民族に対してもやりますよ。聖書を間違えて訳すわけにはいかないから、完璧にその言語を習得しないといけないし、翻訳作業にもすごく時間がかかるんですけど、そうやってつくった聖書が世界中に何百あるかわからない。

僕もミャンマーのワ州に行ったときは、ワ人の牧師にワ語の読み書きを習ったんです。そういう人はワ語をアルファベットで表記できるわけですよ。一般の人は、できないけど。ふだん文字を使わないから。

清水　そういえば、戦国時代に日本で布教したイエズス会の宣教師も、日本語をポルトガル語で解説する『日葡辞書《にっぽじしょ》』[*18]というのをつくってますね。中世の日本語がわかるので、現代の研究者にも役に立つ辞書ですけど。

高野　聖書はどうしてたんですか。

清水　前にフランシスコ・ザビエルについてきた日本人アンジローの話をしましたよね（第二章参照）。彼が最初に聖書の一部を日本語訳したみたいです。といっても、初期の翻訳は仏教用語を援用して「デウス[*19]（神）」を「大日如来《だいにちにょらい》[*20]」と訳したりとか、無茶なことをやっていたらしいんですけど。江戸幕府が成立した頃にはほぼ完訳できていたようで、日本人向けの日本語バージョンと

＊18　**『日葡辞書』**
イエズス会の宣教師が編集した日本語辞書。一六〇三〜〇四年刊行。約三万二八〇〇の日本語をポルトガル語で解説。本来は宣教師の日本語習得を目的に編集したものだが、中世後期の日本語研究の最重要史料となっている。

＊19　**デウス**
キリシタン用語で、万物の創造主である神。天帝。

＊20　**大日如来**
密教の根本最高の仏である摩訶毘盧遮那（まかびるしゃな）のこと。天台宗では大日如来と釈迦如来は同体で、真言宗では異体とする。

宣教師向けのローマ字表記バージョンがあったそうです。その後のキリシタン弾圧で、今は一点も残っていないようですけど（参考：海老澤有道《えびさわありみち》『日本の聖書』講談社学術文庫）。

高野　それはもったいない……。

清水　布教のエネルギーについて言えば、この本の著者のエネルギーもすごく強いし、しかも家族全員が熱心なキリスト教徒ですよね。ピダハンの村に行く著者に奥さんと幼い子三人も当たり前のようについていっている。

高野　ふつうでは考えられないですよね。

清水　家族ぐるみで都会の生活を捨てて、アマゾンの奥地に飛び込んでいったわけですもんね。だけど、お父さんのほうは、ピダハンと暮らしているうちに信仰が揺らいで、無神論に導かれていく。その結果、家族は崩壊する。最後はかなり悲劇的ですよね。

高野　僕はそのあたりが面白かったですね。だって、ピダハンのほうが現代人の感覚に近いじゃないですか。科学的なんだもん。

清水　まあ、そうですよね。

高野　読んでいるとね、どうして人は宗教なんて信じているのかなど不思議になりますよ。

清水　ああ、そうですか。

高野　もともと著者は言語学という科学の研究をやりながら、伝道もしようとしていたわけで、その時点で、はたから見ていると……。

清水　学問と宗教の二足のわらじなんですよね。

高野　そう。それがどう両立するのかが、ちょっと不可思議というか、理解しがたいところですね。だって、宗教って科学的に実証できないものでしょ。

清水　著者は、ピダハン語の特異性について深く知るうちに、世界中の言語は基本的に生まれつきの言語機能から説明できるというノーム・チョムスキーの「普遍文法」[*21]にも疑問を抱くようになりますよね。そのことを本の中でもかなりページを割いて説明している。

それで思ったんですけど、キリスト教とチョムスキー言語学って、どこか似ているところがあるのかなって。キリスト教も普遍性を約束しているじゃないですか、真理は一つだという。

＊21　ノーム・チョムスキーの「普遍文法」　ノーム・チョムスキー（アメリカの哲学者・言語学者／一九二八〜）が一九五七年に提唱した言語学理論。すべての人間は生まれながらにして普遍的な言語機能を有しており、すべての言語がこれにより説明できるとする。近年では、この普遍文法に対する批判的な意見も出されている（参考：P・イボットソン、M・トマセロ著「チョムスキーを超えて　普遍文法は存在しない」『日経サイエンス』二〇一七年五月号）。

高野　さすが、鋭い指摘ですね。すべてのものは一つだっていうのは西洋人が好きなモチーフですよね。だけど、世界中のいろんな言語を一つの法則で説明しようというのは無理があると僕もずっと思ってるんですよ。

清水　著者の場合、チョムスキー言語学に対する不信とキリスト教に対する不信がシンクロして起きていたのかもしれませんね。

高野　ああ、でしょうね、きっと。

清水　もちろん、ピダハン相手の布教が純粋に難しかったという事情も働いたんだろうけど、布教が難しいからって、それだけで自分が信仰を捨てる理由にはならないですよね。それよりは、言語学という学問自体がはらんでいる宗教性が、自分の中で解体しちゃったのかなと思いました。

逃走の過程で文化を純化させていったのか

高野　ピダハンって、さっきの「ピダハンは自分を殺さない」みたいに、「ピダハン」を主語にしてしゃべることが多いでしょ。

だから、集団としての一体感はすごく強いんですよね。

清水　自分たちは他の人々と違っているという認識はあるんですよね。だけど、自分たちのシンボルやトーテム[*22]を呪物や芸術としてつくるといった発想はない。

高野　悟りを開いていますから、自己表現とか自己主張はしないんですよ。

清水　しないんでしょうかねえ。

高野　今まで他の部族と戦争になったりとかしたことはなかったんですかね。

清水　部族抗争みたいなことがなかったとは思えないですけど。

高野　でも、部族抗争があったら、やっぱりリーダーが必要になるし、もっと集団として組織化されていなきゃいけないし、戦争からは神話も生まれますよね。だけど、リーダーもいなければ、神話もない。謎すぎますよ。

清水　初回の読書会で取り上げた『ゾミア』（第一章参照）に描かれている人たちみたいに、政治権力から逃げていくうちにこうなっちゃったという可能性はありませんか。

＊22　トーテム
ある社会集団が特別な関係をもつものとして崇拝する特定の動植物や自然物、自然現象。

高野　可能性としてはありますよね。実はもう少しふつうの人たちだったんだけれども、何かから逃げていく過程で「過去を捨てよう」って集団で決意して。

清水　自分たちの文化を純化させていく方向にいったと。

高野　そうそう。

清水　そっちのほうが自然な気がしてきたな。

高野　そして、「しゃべるときは複文を使うな」という掟《おきて》をつくったとか（笑）。

清水　そこはわざわざ面倒くさくする必要はないでしょ。

高野　いや、過去にうわさ話が元で部族全体が壊滅しかねないような危機に見舞われて、「これからは直接体験したこと以外は絶対に語ってはならない」という掟ができたとか。

清水　どうかなあ。

高野　誰かが何かを言うと、別の人がすぐに「それは誰に聞いたのか」と問い詰めちゃうんです。

清水　「見ていないだろう、お前は」って？

高野　そういうことがあったのかもしれませんよ。ピダハンの話、聞いてみたいなあ。今は学校もできているらしいんで、こちら側の世界のことがある程度わかるピダハンがいたら、その人にピダハンの世界を説明してほしい。どうして数の概念がないのかとか、どうして複文で話さないのかとか、なんで直接体験しか言えないのかとか。

清水 それ、ピダハン自身は説明できないんじゃないですか。

高野 ピダハン語では言えないけど、学校で習ったポルトガル語でなら言える、ということもあるかもしれないじゃないですか。

清水 そうか。別の言語を与えられたら説明できることはあるかもしれない。

高野 そもそも学校教育はうまくいっているのかという疑問もありますけどね。だって、教科書に書いてあることって、それこそ「誰が言ったんだ?」という三次情報、四次情報ばっかりですよ。

清水 ピダハンには学校で学ぶモチベーションもなさそうですよね。将来の出世を望んでいるとも考えにくいし。

高野 そうですよね。外界や他の文化に一切興味がないんだから。

清水 日本中世史の研究をやってきて、中世人というのは現代人とずいぶん違う、未開性を残している人たちなんだっていうふうに思ってきましたけど、今回、この本を読んで、中世はそこそこ文明的な社会だったんだなあと思いました。僕らは、すぐ中世を語るとき「未開」とか「文明」って対比を使っちゃうけど、本当の「未開」のリアリティが僕自身の中になかったなと反省しました。

高野　現段階のピダハンはどうなっているのか、どのくらい文明化しているのか、機会があったら、ぜひ彼らに直接会って話してみたいですね。

第七章　『列島創世記』

――無文字時代の「凝り」

『全集　日本の歴史　第1巻　列島創世記』

松木武彦著／小学館／二〇〇七年／二四〇〇円＋税

日本列島にヒトが初めて登場した旧石器時代から、人々が定住を始めて多彩な土器や土偶をつくった縄文時代、稲作が盛んになって各地にさまざまな文化が花開く弥生時代、そして大規模な古墳が出現する古墳時代までの四万年を、考古資料というモノの分析のみを通じて描く一冊。著者は、人工物・人の行動・社会の本質を数百万年もの進化がつくったヒトの心の普遍的特質の理解をもとにヒトの行動を説明しようとする「心の科学」（認知科学）によって見極め、その変化のメカニズムを解析する認知考古学の手法を用いており、地球環境の変化が歴史を動かした点にも着目、現在の国家の枠組みにとらわれずに日本列島史をつづる。二〇〇八年、サントリー学芸賞受賞。

松木武彦

まつぎ　たけひこ

考古学者。国立歴史民俗博物館教授。一九六一年、愛媛県生まれ。大阪大学大学院文学研究科博士課程修了。岡山大学文学部教授を経て現職。モノの分析を通してヒトの心の現象と進化を解明し、科学としての歴史の再構築を目指している。他の著書に『進化考古学の大冒険』（新潮選書、二〇〇九年）、『古墳とはなにか』（角川選書、二〇一一年）、『未盗掘古墳と天皇陵古墳』（小学館、二〇一三年）、『人はなぜ戦うのか』（中公文庫、二〇一七年）など。

認知考古学の衝撃

清水　今回は僕の紹介です。前回取り上げた『ピダハン』が衝撃的な内容だったので、だったら先史時代[*1]の日本列島はどうだったんだろうと思って、考古学界で最もチャレンジングな研究をされている松木武彦さんの『列島創世記』を選びました。

高野　僕みたいに思いつきで選んでいるわけじゃないんですね（笑）。

清水　文字がなかった時代の日本社会というのは、いわば僕と高野さんのちょうど中間に位置するテーマじゃないかなと思ったんです。

高野　この本では、旧石器時代[*2]、縄文時代[*3]、弥生時代[*4]、古墳時代[*5]までが、文字がなかった時代として一つにくくられていて、近年、発達している認知考古学[*6]というアプローチで描かれているわけですよね。

清水　ええ。かつてのマルクス主義[*7]を支えた唯物史観[*8]では、歴史

＊1　**先史時代**
文書や記録などの文献史料が存在せず、考古学や地質学が主要な研究手段となる時代。日本史でいえば、旧石器・縄文・弥生時代をさす。

＊2　**旧石器時代**
打製石器（旧石器）や骨角器を使い、狩猟・採集生活を送っていた時代。

＊3　**縄文時代**
石器・骨角器とともに縄文土器が使用された時代。約一万三〇〇〇年前頃から二五〇〇年前頃まで続く。

＊4　**弥生時代**
弥生土器が使用された時代。鉄器や青銅器の使用、水稲耕作を特徴とする。かつては弥生時代の始まりはBC

を動かすのは生産力や生産関係だと考えられてきたんですが、認知考古学では「ホモ・サピエンスの心」[*9]に着目するんですね。松木さんの場合は、土器の造形美とかデザインとか、そういうものの変化に目を向けている。

　キーワードは「凝《こ》り」ですよね。人が石器[*10]や土器などに、実用としての必要性以上に手を加えてメッセージ性を付与することをそう表現しています。

高野　「凝り」って、すごい言葉ですよね（笑）。

清水　僕は中高校生のとき、日本史で縄文や弥生を勉強していて疑問を感じたんですよね。ふつうに考えれば、まず実用的な土器をつくるようになり、暮らしが豊かになるにしたがって遊び心が出てきて、デザイン性の高い土器をつくりそうなものなのに、実際は逆でしょ。縄文時代はゴテゴテに凝った土器をつくっていたのに、時代が進んで弥生時代になると、土器がシンプルになっていく。

　なんでだろうって思っていたんですけど、この本にある通り、ホモ・サピエンスの道具は必ずしも実用性からデザイン性へとい

四〜三世紀頃とされてきたが、近年では五〇〇年以上遡るBC一〇世紀頃という説が有力になりつつある。

＊5　古墳時代
三世紀後半から七世紀頃にかけて、各地で盛んに大型古墳がつくられた時代。

＊6　認知考古学
ホモ・サピエンスに共通する知覚や認識のあり方を考古学に応用する学問。

＊7　マルクス主義
K・マルクス（一八一八〜八三）とF・エンゲルス（一八二〇〜九五）によって確立された二〇世紀の思想体系。歴史の発展法則を解明し、生産力と生産関係の矛盾から社会主義への移行の必然性を唱えた。

う変化をたどるわけではないんですね。

高野　でも、最初の土器は実用から始まったんでしょ。

清水　うーん。だけど、松木さんの別の著書『美の考古学』（新潮選書）によると、世界最古の焼き物は、チェコで見つかった人形[*11]なんですよね。レンガのような建築材でもなく、食物を入れる土器でもなく、女性をかたどったと思われる土製の人形。

高野　ああ、そう書いてあった。そうか、土器＝容器じゃないわけか。

清水　だから、最初は実用という考え方自体、ひょっとすると違うのかもしれないですね。

高野　僕が衝撃を受けたのは、その『美の考古学』に書いてあることなんですが、日本列島に限らず、世界各地の土器の造形や文様は、素朴段階、複雑段階、端正段階と三段階で移行していくということですね。

清水　ああ、そうそう。

高野　縄文土器は文様の控えめな素朴段階から、ゴテゴテした複雑段階のものへと変わっていって、弥生土器になるともっと機能

＊8　唯物史観
マルクスとエンゲルスによって提唱された歴史観。人間社会の形成は物質の生産様式に規定され、歴史の変化は生産力の発展と生産関係の矛盾によって生起されるとする。マルクス主義の理論的前提となる発展法則。史的唯物論。

＊9　ホモ・サピエンス
ラテン語で「賢い人」を意味する、人類の学名。ヒト属ヒト科。ホモ・サピエンス・ネアンデルターレンシス（ネアンデルタール人、旧人）とホモ・サピエンス・サピエンス（現生人類）に分けられる。

＊10　石器
石でつくった器具。打ち欠いてつくる打製石器と最終

的な端正段階の形になりますけど、そういう変化は世界中どこでもおおよそ共通していて、なぜなら、同じホモ・サピエンスがつくるものだからという説明になっていますよね。

清水　ええ。

高野　そんな考え方していいんですか（笑）。

清水　やっぱり、そこに引っかかりました？（笑）

高野　だって、これって、現代人も縄文・弥生の人も、ホモ・サピエンスとしては変わりがない、だから現代の認知科学を考古学に応用してもいいっていうことですよね。

清水　そういう前提に立っていいのかと？

高野　そう。たとえば、この『列島創世記』では、縄文の土偶[*12]についで書かれている箇所で、人の表情の認知パターンの話が出てきますね。口角を上げて目尻を下げた表情は、どこのどんな民族が見ても、笑っている顔に見えるという。

清水　だから、土偶の表情は、現代人にとって怪異に見えるだけでなく、縄文の人々にとっても怪異だったはずで、彼らはそういうメッセージ効果を狙って土偶をつくったんだということですよ

的に磨いて仕上げる磨製石器に区分され、前者を使用した時代を旧石器時代、後者が出現した時代を新石器時代と呼ぶ。

＊11　チェコで見つかった人形
チェコのドルニ・ヴェストニッツェ遺跡で発見された裸婦人形。約二万七〇〇〇年前の製作で、人類史上最古の焼成土製品とされている。

＊12　土偶
縄文時代に多くつくられた土人形。顔面や髪形の特徴からハート形土偶、山形土偶、ミミズク形土偶、遮光器形土偶などに類別される。女性像が多く、ほとんどが身体の一部を意図的に破損させられたものであること

ね。

高野　すごく思い切った解釈ですよね。

清水　ええ、けっこう大胆。だって、よく日本と西洋の文化の違いとして、日本では手招きする仕草は「おいで」になるけど、西洋では「あっちへ行け」になると言われたりもするじゃないですか。ああいうのなんかは、どう説明するんですかね？

高野　だから、僕は文化や価値観と認知は違うものなのかと思ったんですよね。ホモ・サピエンスの認知は心の深いところにあって、文化や価値観はその上に乗っかっているんじゃないかと。

清水　仕草は文化だから民族によって異なるけど、笑いや怒りみたいな、より動物的な感情は、時代や空間が違っても変わらないものなんだと。

高野　そう。ということは、土器の文様やデザインの根本は、文化じゃないということになりますよね。もちろん個々の土器は文化的なものなんだろうけど、縄文土器と弥生土器の違いは認知レベルの違いだと。

から、子孫繁栄や治病を祈った呪具と考えられる。沖縄県をのぞく全国で出土しているが、数的には圧倒的に東日本が多い。

ネッシーやUFOに惹かれるホモ・サピエンス

清水　この本には、ヒトが初期に獲得した美の感覚の一つとして、左右対称も挙げていますが、その説明もすごい。

高野　左右対称は「健康」を意味しているというんですよね。ヒトは配偶者を選ぶにあたって、病気や寄生虫におかされていない印として、左右対称の顔や体に誘引されるようになった、だから今でも左右対称のモノに心理的に誘引されるって、そんなこと言っていいんですか（笑）。

清水　でも否定する材料もないでしょ（笑）。

高野　ないんですよ。でも、そんなのはまだ序の口ですよね。松木さんの別の著書『縄文とケルト』（ちくま新書）にイギリスの羨道墓《せんどうぼ》[13]のことが出てくるでしょ。お墓の中に入っていくと、ジグザグや渦巻きの図文が石に施されているという。その図文パターンは、脳が通常の覚醒状態を離れて「変性意識状態」[14]になったときに見えると感じる図形に由来するもので、その意識状態はドラ

＊13　羨道墓
石でつくられた古墳のうち、細い羨道（通路）を通って玄室（遺体を安置する部屋）に行き着くタイプ。

＊14　変性意識状態
ドラッグを使用したときなどに発生する、脳が通常の覚醒状態を離れた状態。幻覚が見えるような状態。

＊15　サイケ
サイケデリック。LSDなどの幻覚剤を使用したときに感じられる特殊な心理的状態や視覚・聴覚の異常な状態（幻覚、幻聴）をさす。視覚的には極彩色の渦巻きやジグザグ、格子、ドットなどの幾何学的模様がよく見えるとされる。また、こ

ッグの作用によって引き起こされる、とありますよね。

清水　ああ、ありましたね。その図文を描いた人はドラッグの成分を含んだ植物を摂取したのかもしれないって。

高野　それ、サイケ[*15]ですよね。つまり、サイケもホモ・サピエンスの脳の基本設計に認知として組み込まれていることになる。

清水　いいでしょ。そのあたりの危うさも含めて、魅力的な仮説だと思いませんか。

高野　いかにも最先端という感じがします。しかも論理が明快ですしね。

『美の考古学』で松木さんは、縄文土器とそっくりな土器が南太平洋のバヌアツ[*16]にあるからといって、「縄文人が海を渡った!」かのごとき珍説を持ち出す必要はない、と書いているじゃないですか。僕は昔からそういう珍説が大好きで、ずっと信じて思春期を過ごしてきたんですけど(笑)。

清水　ああ。僕もイギリスのストーン・サークル[*17](環状列石)は宇宙人の基地だという説を、子どもの頃、雑誌で読んでワクワクしたおぼえがあります。日本にもストーン・サークルはあります

れらの模様やパターン自体を「サイケ」と呼ぶこともある。

*16　バヌアツ
南太平洋にある八三の島々からなる共和国。人口約二六万五〇〇〇人、面積は新潟県とほぼ同じ広さ。西にはオーストラリア、東にはフィジー、南にはフランス領のニューカレドニア島がある。

*17　ストーン・サークル
巨石記念物の一種で、多数の巨石をまるく立ち並ばせた祭祀遺跡。ヨーロッパの大西洋岸の新石器時代の遺跡に多く、イギリスのストーンヘンジが最も有名。インドのデカン高原やアッサム地方、シベリアのミヌシンスクなどにも分布する。

から、さらに興奮は高まったんですが、大人になって、宇宙人とは関係ないと知って、がっかりしました（笑）。

でも、遠く離れた場所で似たようなモノがつくられるのは、それらの人たちの心の奥底にある、ホモ・サピエンス普遍の認知原理でつながっている何かが発露したからなんですよね。

高野　つまり、どっちも同じ地球人だったということですね。

清水　なるほど（笑）。ちなみに松木さんは、『列島創世記』の中で、ホモ・サピエンスは、現実性を帯びつつ、少しの不可解さや非現実性を残すものや事柄に惹《ひ》かれるという性向を共通してもっていると指摘していて、そういう心の働きの産物として、ネッシー、河童《かっぱ》、UFOなどを挙げています。

高野　僕はホモ・サピエンスらしいホモ・サピエンスだったんだ（笑）。

照葉樹林文化論をバッサリ否定

清水　僕は古文書をはじめ文字を扱う商売ですが、認知考古学ではモノの形からいろいろなことを読み取っている。記号論的な分析ですね。

高野　モノには必ず意味があるという考え方ですね。

清水　ただ僕ら、文字から歴史を読み解く場合は、書かれていることがすべて事実だとは考えないんですよね。人はうそをつく生き物だし、何らかの自己主張のために文章を書き残している。だから、あえて書かれていることの裏側を読むとか、主張の背景を探るといった、少しねじくれた、意地の悪い読み方をする傾向があります。古文書を読む研究者の中でも優れた研究者は、むしろ「書かれていないこと」を読むことにエネルギーを注ぐ。そのへんのアプローチが少し違うのかな。

高野　でも松木さんも、縄文人の環状集落[*18]について書いているところで、縄文人がそういう凝った集落をつくったのは、集団が平等だったことを意味しているとは限らなくて、集落は平等であるべきだというメッセージを盛り込むためだったかもしれないと分析しているでしょ。縄文の社会が平等だったかどうかは今も議論が続いているようですけど。

＊18　環状集落　縄文時代前期に現れた集落の形態。広場の真ん中に穴を掘って死者を埋葬し、その周りに円を描くように住居が配置された。広場の中心から各住居までの距離はほぼ同じで、身分差や上下関係などは見受けられないとされる。

清水　ああ。そういうところは文献史学[*19]のアプローチに近いかもしれないですね。

高野　あと、僕がすばらしいと思ったのは、照葉樹林文化論[*20]を明確に短い言葉で否定していること。

清水　中国雲南省《うんなん》[*21]を中心とする地域と日本には照葉樹林帯という共通性があって、文化的にもよく似ているという文化人類学の説ですね。照葉樹林文化は縄文社会の母体とも言われるけど、松木さんは「両者の間には五〇〇〇年以上の開きがある」と片づけている。

高野　ズバッと切って捨てていますよね。そもそも東日本は照葉樹林じゃないし、西日本には照葉樹林が多いけど、住みにくかったらしくて、人口が全然少なかったというんだから。

清水　縄文時代中期ぐらいまでは、東日本と西日本の人口比は三〇対一もあって、東日本のほうが豊かだったんですよね。

高野　照葉樹林文化論って、当の文化人類学の研究者たちも、なんとなく間違っていると思ってはいながら、なかなか明確に否定できないんですよね。僕が納豆のことを調べていて、雲南やタイ

＊19　文献史学
古文書や古記録など文字史料の解読を主とする歴史学。考古学や絵画史料学など新たな方法論を駆使した歴史研究に対して、旧来の方法論の歴史研究を指す。

＊20　照葉樹林文化論
一九七〇年代、植物学者・民族学者の中尾佐助、民族学者の佐々木高明らによって唱えられた仮説。中国南部から東南アジア北部、ヒマラヤにかけての内陸山岳地帯（中心は現在の中国雲南省周辺）に、餅、赤米、なれ寿司、茶、納豆、竹細工、絹、漆、鵜飼い、歌垣など日本によく似た文化があることに着目。どちらも照葉樹林帯にある（あった）ことから、日本の基層文化は同じ環境である雲南

やミャンマーにも納豆があると言うと、「照葉樹林文化だから当然でしょ」と言う人がいる。現在、日本で最もよく納豆を食べている北関東と東北地方は照葉樹林帯ではないし、タイやミャンマーの納豆食が盛んなエリアも熱帯雨林が多いからそれでは説明がつかないのに、照葉樹林文化論で思考停止になっていることが多いんですよ。

清水　日本で始まった水稲耕作も雲南地方との類似性があるとよく言われるからですかね。

高野　それもあるんでしょうね。

大旅行家が記録していたアフリカの稲作

高野　もう一つ、この本で特徴的なのは、地球環境の変動によって歴史が大きく動いたと考えていることですね。縄文時代から弥生時代への移行も、弥生時代から古墳時代への移行も、主な原因は寒冷化だったと説明されている。縄文時代後半に寒冷化が起きると、人々はそれを乗り切るために農耕を始め、弥生時代後半に

省周辺に由来すると考えた。焼畑や稲作も含めるなど、時代や研究者によって、さまざまなバリエーションがある。

＊21　中国雲南省
中国南部、雲貴高原の西南部を占める省。省都は昆明。温暖な高原地帯で、稲作などが行われ、ベトナム・ラオス・ミャンマーの国境に接し、多民族が居住する。

また寒冷化が起きると、人々があちこちに移動して、徐々にクニのまとまりができていく。

清水　ええ。気候の変化などの外的条件を重視するのは最近の文献史学にも共通した傾向で、中世史でも飢饉に注目したりしますね。

高野　だとすると、人々の社会や暮らしといったものは、進化してきたというよりも、やむをえずそうなってきたということですよね。

清水　しかも、まっすぐに進んでいったのではなくて、地域によっては行きつ戻りつしている。

高野　縄文から弥生への移行も、寒冷化によって各地の生活スタイルがそれぞれ変わっていく。それを松木さんは「内からの弥生化」と呼び、その動きとは別に水稲耕作なんかが外から伝わってくるのを「外からの弥生化」と呼んでいる。両方の弥生化というか「脱縄文化」があったということですね。大雑把に言えば、東日本より西日本のほうが「外からの弥生化」が強かったってことになるみたいですね。

＊22　セネガル　西アフリカの西端に位置する共和国。首都はかつて

清水　「縄文から弥生へ」と一言で言ってしまうと、稲作が始まらなかった北海道や沖縄の文化を遅れたものと見なすことにもなってしまうんで。そうじゃなくて、各地の人たちが、それぞれ生きるための選択をしたという書き方になっていますね。

高野　稲作の始まりについては、僕はアフリカのセネガル*22に行ったときのことを思い出しましたね。セネガルの南部ではコメをつくっているんです。アジアのコメとは別系統のアフリカ独自のコメでグラベリマ稲*23っていうんですけど、もとはニジェール川*24の氾濫原、つまり雨季になると水があふれるような場所が原産地とされています。紀元前一五〇〇年ぐらいから水稲耕作をしていると言われてます。

ちなみに、そのグラベリマ稲についての一番古い記録は、なんと、イブン・バットゥータの『大旅行記』らしいんですけど（笑）。

清水　また、そこに戻るんですか（笑）。

高野　八巻に出てきます。で、僕はセネガルに行ったとき、水田農耕の原風景を見たような気がしたんですよね。湿地帯で、川と沼と水田が入り交じって見分けがつかないような感じ。水でグジ

「パリ＝ダカール・ラリー」のゴールとして知られたダカール。人口は約一五四一万人、面積は日本の約半分。

＊23　グラベリマ稲
ニジェール川中流域（現在のマリ共和国）で野生のイネ科植物から独自に栽培化された稲。アジアイネより収量は劣るが、乾燥や病気に強いため、現在は両者の長所を生かした交配種「ネリカ米」が開発され、アフリカ全土に普及している。

＊24　ニジェール川
西アフリカを横に貫くように流れる、アフリカで三番目に長い大河。中上流域には一〇世紀頃からガーナ王国、マリ王国、ソンガイ王国などが栄えた。

ャグジャになっている所にイネを植えて田んぼにしているような。
あれを見ると、初期の水田は、それまで使いようがなかった湿地で始めたんじゃないかなと思うんですよね。グジャグジャで家は建てられないし、畑にも使えないし、家畜も飼えないような所に。

清水　元来、水辺に生える植物であるイネを植えていったと。

高野　だとすると、縄文から弥生にかけての稲作への移行は、わりとすんなり進んだんじゃないかという気がするんですね。以前は使われていなかった場所に、湿地で水稲をつくり始めたりとか、稲作をする新規の移住者が来たりとかして。

清水　一気に全体がガラッと変わるのではなく、稲作の暮らしと稲作以前の暮らしが、とりあえず共存する形になったということですか。

高野　そう考えると、納得しやすいんですよ。それから、この本に戻りますが、松木さんは、農耕が本格化すると人口が増える理由として、穀物を用いた離乳食を赤ん坊に食べさせられるようになるから、出産間隔が短縮されると説明しているでしょ。

清水　はいはい。うっかり読み飛ばしそうになるけど、すごいことを言ってますね。

高野　離乳食がないと、子どもが三歳、四歳になってもずっと乳をあげなきゃいけなくて、授乳している限り女性は妊娠しづらいという特性があるから、出産間隔が長くなって、子どもがたくさん生まれない。実際に、関野吉晴[*25]さんが通っていたアマゾンのマチゲンガ族[*26]は、つい最近までそうだったらしいですよ。逆に言うと、農耕を始めた時代には、離乳食を子どもに食べさせるようになったから人口が増えて、それによって農耕がさらに促進されたという可能性もあるわけでしょう。最近の考古学って、そういうことまで考えるんですね。僕らが歴史の授業で習ったのとはずいぶん違う。

清水　以前の歴史授業はもっとシンプルでしたもんね。

凝りは成熟か、退廃か

清水　気候に関して松木さんは、温暖な時期は動植物の資源量が

＊25　関野吉晴（一九四九〜）
探検家・医師。東京都生まれ。一橋大学在学中に探検部を創設。一九九三年、アフリカに誕生した人類がユーラシア大陸を通ってアメリカ大陸南端まで拡散していった行程を人力だけで遡行する旅「グレートジャーニー」を一〇年かけて達成。一方、アマゾンには七〇年代から現在まで四〇年以上、通い続けている。

＊26　マチゲンガ
ペルーのアマゾン川上流やブラジル国境付近に居住する。人口は一九八三年の推計で約一万人。近年まで焼畑農耕を行いながら定期的に移動する生活を送っていた。

増えるので、人々は食物を求めて移動する必要があまりなく、だから文化はヨコ方向に伝播するのではなくて、タテ方向の伝統として深まっていって、その結果、モノの凝りが進んでいく、という見方も提示していますよね。逆に寒冷期には、人々が食べ物を求めて移動せざるをえないから、文化の伝播や融合がヨコに進んでいく。これはとてもダイナミックなとらえ方ですね。

高野　それにしても、凝りって、外国語に訳すとどうなるんだろう。

清水　ディテール？　違うな。

高野　マニアックかな。

清水　ああ、なるほど。

高野　オタク化するっていうことかもしれませんね。

清水　凝り[*27]について僕が思い浮かべたのは、ピダハンはどっちなんだろうということなんですよね。タテ方向に凝りを深めちゃっているんですかね。ヨコ方向に文化が伝播していく状況の中にいるようではないじゃないですか。

高野　ヨコ方向じゃないと思う。でも、タテでも……。

＊27　凝り
松木氏は学術論文などでは認知的誘引性付加（elaboration）という用語を使用しており、「凝り」はそれと同義と思われる。

清水　気候は温暖だけど、縄文土器みたいに凝ったモノをつくっている気配もないですよね。
高野　ピダハンは凝らないと思いますよ（笑）。
清水　どっちに当てはまるのかな。
高野　うーん、ピダハンは、正直言ってねえ、例外のような気がしますね。
清水　ああ、そうですか……。僕が前回からのつながりで、一番知りたかったのはそこなんですけど。
高野　さっき話に出たアマゾンのマチゲンガ族ですけど、その人たちは実はマチゲンガの中でも孤立した集団で、宗教みたいなものもないし、凝った文化をもたない人たちなんです。ピダハンもそういうはぐれた集団なのかもしれない。
清水　はあ。
高野　この前、関野さんに聞いてびっくりしたんだけど、そのマチゲンガの人たちって、土器を焼かないっていうんです。粘土を固めたものをそのまま火にかけると、使っているうちにだんだん焼けてくる。

清水　最初の頃の土器はそうだったのかもしれないですよね。

高野　だとすると、素朴段階の前の超初期じゃないですか。

清水　そうなりますよね。

高野　凝りに関して僕が思ったのはね、江戸時代の日本のことなんですけど、あの頃の日本って、藩によって地域が分かれたことで文化的な地域色が豊かになったでしょ。方言なんかも一種の凝りでしょ。

清水　造形物とは違いますけど、地域性が純化の方向に進んでいきましたね。

　江戸時代は文学も凝っていくんですよね。黄表紙《きびょうし》*28とか洒落本《しゃれぼん》*29を読んでみると、ダジャレやパロディの嵐なんですよ。だから、凝りを「オタク化」と表現する高野さんのセンスは鋭いかも。あの戯作《げさく》はあまり文学的とは思えないんですけど、わかる人にはわかる言葉遊びで物語をずっと転がしているんですね。そういうふうに深まっていった凝りを成熟ととらえるか、退廃ととらえるか。そう考えると、縄文の火焔《かえん》型土器*30なんて、ある種の退廃かもしれないですね。こんなの煮炊きに使いにくいでしょっていう。

＊28　黄表紙
江戸後期に多く刊行された風刺滑稽を織り交ぜた絵入り小説。表紙が黄色であったことが名称の由来。代表的な作家に恋川春町、山東京伝などがいる。

＊29　洒落本
江戸中・後期に多く刊行された遊里小説。遊里での遊女・遊客の言動を、会話を主にして写実的に描く。代表的な作家に大田南畝（なんぽ）、山東京伝などがいる。

＊30　火焔型土器
縄文中期の土器様式。新潟県信濃川流域などで出土。燃え上がる炎のような形状で、最も装飾性豊かな縄文土器として著名。芸術家・岡本太郎にインスピレーシ

高野　この前、新潟の十日町市博物館[*31]に行ったんですよ。

清水　すごい！　『列島創世記』に触発されて出かけていったんですか。

高野　あ、たまたま（笑）。

清水　あそこ、縄文土器で有名な博物館なんですよね。国宝の火焔型土器がある縄文の聖地なんですよ。

高野　松木さんは、縄文をもたない火焔型土器が縄文土器の代表としてしばしば教科書などに載っているのはおかしなことだって、『美の考古学』でツッコミを入れていますけどね（笑）。

清水　ああ、なるほど。確かに、あれには縄目の文様がないですからね。

高野　博物館では火焔型土器のレプリカを展示しているんですけど。十日町って山深い豪雪地帯じゃないですか。なんでこういう所でこんなものをつくったのかなって思ったんですよね。

清水　食べ物は比較的豊富で、山間の仲間うちで集まって暮らしているうちに、土器がどんどんマニアックになっていった？

高野　とは思うんだけどなあ。それにしても、あんなのをつくっ

ヨンを与えたとも言われる。

＊31　十日町市博物館　新潟県十日町市にある博物館。同市中条地区の笹山遺跡から発見され、縄文土器として最初に国宝指定された火焔型土器などが所蔵されている。

たのは、よっぽど寒かったんじゃないかって妻と話したんですよ。縄文時代が今より暖かかったとしてもね。火焔の土器を見て、気分的に温まっていたんじゃないかって（笑）。

清水　確かに、ゆらめく焔《ほのお》のようですからね。

ヤマトの「ヤ」の字も出てこない

高野　この本の中で松木さんは、弥生時代中期のムラ同士の争いについても、僕らが学校で習った歴史とは違った見方をしていて面白いですね。ムラ同士の武力衝突もあったけれども、序列の頂点に立ったムラは必ずしも武力だけで勝ったわけではなかったと言っている。

清水　強いムラは集団の人数をできるだけ増やすことで優位に立っていくんですよね。戦いそのものよりも、戦いが起きるかもしれないという心理的プレッシャーや安全保障への欲求が、ムラの序列を形成していったんですね。

高野　だから、人々はわりと自由に移動していて、人気のあるム

＊32　ヤマト政権
四世紀から七世紀半ば頃まで、大和（奈良県）を拠点に、大王（おおきみ）を盟主とした諸豪族の連合体。かつては「大和朝廷」とも呼ばれたが、「大和」の表記は奈良時代以降のもので、明確な朝廷機構も備えていなかったことから、現在では「ヤマト政権」や「ヤマト王権」と呼ぶのが一般的である。

＊33　箸墓
箸墓古墳。奈良県桜井市にある前方後円墳。全長約二八〇メートル。倭迹迹日百襲姫命（やまとととひももそひめのみこと）の墓と伝えられる。三世紀後半に築造された最初期の前方後円墳で、卑弥呼の墓とも考えられている。

ラは、モノや技術や情報をもたらしてくれる外来者をどんどん受け入れて大きくなった。

清水　そして、その後はふつう「ヤマト政権誕生[*32]」という流れになるんですが、この本にはヤマトの「ヤ」の字も出てこない。松木さんは、三世紀中頃、奈良盆地に「箸墓《はしはか》[*33]」という巨大な前方後円墳[*34]が現れたのはなぜなのかという話に振っていくんですね。ヤマト政権は『古事記』[*35]や『日本書紀』で後づけ的に説明されるけど、松木さんはあくまでも古墳というモノに語らせる。考古学者の矜持《きょうじ》ですね。

高野　なるほど。ヤマトなんて言葉はモノからは出てこないから。徹底しているんですね。

清水　「古代」という言葉すら、この本では禁欲的に使われてますよね。本文中ではほとんど出てこないんじゃないかな。で、その箸墓のような古墳をつくれる勢力を生み出したものは何なのかというと、鉄だと。

高野　鉄なんですよね。

清水　以前の歴史教科書だと、稲作によって生まれた富をめぐっ

＊34　前方後円墳
円形の墳丘に方形の墳丘を付設してカギ穴形をした古墳の形式。蒲生君平の『山陵志』にて初めて名付けられる。三世紀中頃から七世紀初頭まで築造され、近畿地方を中心に全国約五〇〇〇基が確認されており、巨大古墳のほとんどがこの形式。大仙陵古墳（仁徳天皇陵）、誉田山（こんだやま）古墳（応神天皇陵）が代表例。

＊35　『古事記』
現存するわが国最古の歴史書。三巻。七一二年成立。天武天皇によって編纂が企画され、稗田阿礼が誦習し、元明天皇の命をうけた太安万侶が撰録した。上巻は神代、中巻は神武天皇から応神天皇、下巻は仁徳天皇か

てムラ同士が争い、その中からクニができて、クニがヤマト政権によって統一されていったと説明されていたじゃないですか。でも、これは松木さんだけの説じゃないと思いますけど、朝鮮半島や中国大陸から鉄などをもたらす遠距離交易をめぐって各地で競争が起こり、その結果、ヤマト政権が成立したんですね。

しかも、鉄がキーワードだとすると、政権は中国や朝鮮半島に近い北九州に生まれてもおかしくないし、事実、北九州にもクニはできるんだけれども、決定的な政権は畿内に成立するんですね。その理由を松木さんは、鉄の流通量が少ない後背地域のほうが、鉄の交換価値が高くなり、その供給窓口である権力に寄せる信服や依存が大きくなると説明する。これって、東南アジアなんかに見られた開発独裁権力*36にも似ていますね。

高野　そう言われてみれば、世界の国々を見ると、首都は案外、海辺にはできないんですよね。

清水　防衛上の問題でも？

高野　理由はいろいろあるでしょう。防衛上の問題ももちろんあると思いますけど、港って、要するに無節操でしょ。人やモノが

ら推古天皇までを記す。

＊36　開発独裁権力
発展途上国において強権的な開発政策と政治体制をとる権力。具体的には、インドネシアのスハルト政権やフィリピンのマルコス政権など、一九七〇年代のラテンアメリカやアジアに現れた独裁政権のこと。

あまりにも雑多に入ってきすぎるから、かえってそういう場所は首都になりづらいんじゃないかという気がするんです。ミャンマーやブラジル、ナイジェリアとか、多くの国が政治経済の発達とともに内陸部に首都を移転させている。だから、一番栄えているのは海岸の都市なんだけど、首都は内陸や大きな河川の中流域にあるっていう国は多いでしょ、昔から今に至るまで。

清水　首都とは別に、衛星都市の一つとして外港があるような感じ。

高野　そう。だけど、北九州とか中国地方に、そういう大きな内陸の盆地みたいな所は少ないから。

清水　北九州の山向こうに筑紫平野があるけど、あそこは有明海に面していますからね。確かに内陸地を探すと、奈良盆地まで下がってこないとないかもしれない。

高野　あとは、後の京都とかになっちゃうんじゃないかと思うんですよね。

権力者はなぜモニュメント造営に走るのか

清水　そのヤマト政権の時代には巨大な古墳がどんどんつくられますが、ああいう大きなモニュメント[*37]をわざわざつくったのは、人々が文字をまだ手に入れていなかったからだと松木さんは解き明かしていますよね。言葉や情報による支配ができなかったから、巨大人工物の造営に労力を注いだというのは、確かにその通りかなと思いますね。

高野　文字を手に入れてからは、あまりつくる必要がなくなったとも言えますね。だけど、そうすると、現代の北朝鮮はどうなんですかね。でっかいモニュメントをたくさんつくっているでしょ。言葉だけでは統治できないということなのかな。

清水　権力が不安定な段階ほど、モニュメントをつくりたがるのかもしれないですよ。

　これは中世史の桜井英治[*38]さんが言っていることなんですが、日本の中世国家というのはかなり省エネな国家なんですね。為政者

＊37　モニュメント
人や事件を記念して建てられる建造物。記念碑、記念像。

＊38　桜井英治（一九六一〜）
歴史学者。東京大学大学院総合文化研究科教授。茨城県生まれ。専門は日本中世史、流通経済史。著書に『日本中世の経済構造』（岩波書店）、『室町人の精神（日本の歴史12）』（講談社学術文庫）、『贈与の歴史学』（中公新書）など。清水との対談録に『戦国法の読み方』（高志書院選書）がある。

＊39　ポトラッチ
北太平洋沿岸のアメリカ先住民の社会に見られた儀礼的な贈答競争。主催者は盛

が自分の権力を見せびらかすための消費をあまりしなかった。北米先住民の間で行われていた、より多くの贈り物をすることによって相手を打ち負かす慣行を「ポトラッチ」[*39]と言いますけど、日本の中世は身分的流動性が低い社会だったので、権力者がポトラッチみたいなことをすると、かえって評判を落としかねなかったんです（参考：桜井英治『交換・権力・文化』みすず書房）。

高野　非ポトラッチの社会だったんですね。

清水　ただし、衒示的《げんじてき》消費、つまり見せびらかすような消費が機能した時期もあって、その一つは院政期、白河上皇[*40]なんかが大きなお寺をいっぱい建てた。それから、大内裏《だいだいり》[*41]を再建しようとした後醍醐天皇[*42]の時代もそうですね。あとは中世末期の織豊政権の時代で、織田信長や豊臣秀吉も大建築をつくった。いずれも権力基盤が不安定だったり、これから権力ができあがる時期だったから、モニュメントをつくる傾向にあったんじゃないかと考えられます。現代の北朝鮮も、それと同じと言えないでしょうか。

高野　アフリカには今でも、北朝鮮に頼んで巨大な銅像をつくっている国がたくさんあるんですよね。

大な宴会を開き、客に財物を惜しみなく振る舞うことで地位と財力を誇示し、客もその名誉にかけて他の機会に答礼を行う。M・モースの『贈与論』や、G・バタイユの普遍経済学の構想に大きな影響を与えた。

＊40　白河上皇（一〇五三～一一二九）　第七二代天皇（在位一〇七二～八六）。後三条天皇の第一皇子。譲位後も堀河・鳥羽・崇徳天皇の三代にわたって四三年間政務を執り、院政の伝統をつくった。未曽有の富と権力を手に入れ、大規模な寺社参詣を繰り返し、法勝寺をはじめとする多くの造寺造仏を行ったことでも知られる。

清水　北朝鮮製の像？　船で運ぶんですか。
高野　北朝鮮の国営会社に依頼して、技術者を招いてモニュメントをつくるんです。他の国にそんなノウハウはないから。
またセネガルの話になって恐縮なんですけど、セネガルの首都ダカールの小高い丘にものすごい銅像が建っているんです。これも北朝鮮の会社が請け負ってつくったようなんですが、ちょっと信じられないぐらい大きいんですよ。
清水　何の像なんですか。
高野　調べたら、「アフリカ・ルネサンスの像」って言って、男女と子どもが空を見上げる像なんですが、前の大統領がセネガル独立五〇周年を記念して発案してつくったそうです。二五〇〇万ドルという莫大な経費をかけて。セネガルではこれを観光資源にしようとしていて、その前大統領は像で得られる観光収入の三五％は俺のものだと主張していたそうです。すごく問題になったらしくて、その後どうなったかわからないけど。
清水　おかしいじゃないですか。まさに開発独裁ですよ。
高野　おかしいんですよ。でも、きっと日本で古墳がたくさんつ

＊41　大内裏
平安京の中枢区画。東西約一・二キロ、南北約一・四キロの規模で、その内部に天皇の居所である内裏と諸官司があった。一二二七年に焼失した後、再建されることはなかった。

＊42　後醍醐天皇（一二八八～一三三九）
第九六代天皇（在位一三一八～三九）。後宇多天皇の第二皇子。鎌倉幕府を滅ぼし、建武の新政を実現したが、足利尊氏によって吉野に追われ、南朝を立てた。不屈の闘志と強烈な個性の持ち主で、歴史学者・網野善彦は、彼の政権を「異形の王権」と称している。

くられた時期も、今の北朝鮮のモニュメント技術者みたいな人たちがいたんだろうなとは思いますよね。

清水　この本の中では、箸墓ができた後、規模を縮小した相似形の前方後円墳が各地に出現したのは、「前方後円墳体制」[*43]とも言うべき政治体制が列島各地の有力者の間に形成されていたからだ、という都出比呂志《つでひろし》[*44]さんの説も紹介されていますよね。古墳の設計図も配布されていたのではないかと言われていますし、高野さんの言うように、政治の中心となったヤマトから、古墳建設の技術者が各地に派遣されていたんでしょうね。

高野　ちょっとだけね、気になることがあって。松木さんは、モニュメントの中でも特に視覚的効果を企図して美的表現を盛り込んだ構造物を「美的《エステティック》モニュメント」と呼んで、日本の前方後円墳とエジプトのピラミッドを同列に並べているでしょ。だけど、古代エジプトには文字はあったので、無文字時代の日本につくられた前方後円墳とはちょっと性格が違うんじゃないかなとも思うんですけど。

清水　そうなんですよね。一応、『列島創世記』には、美的モニ

＊43　**前方後円墳体制**　一九九一年に都出比呂志によって提唱された古墳時代の研究概念。定型化した前方後円墳の出現をもって古墳時代の指標とし、その形態と規模によって序列化された全国的な政治秩序を前方後円墳体制と呼ぶ。

＊44　**都出比呂志**（一九四二〜）考古学者。大阪大学名誉教授。大阪府生まれ。著書に『日本農耕社会の成立過程』（岩波書店）、『古代国家はいつ成立したか』（岩波新書）など。

ユメントがさかんに築かれる社会は、「文字をもたない、あるいは文字が現われるか本格的に使われはじめる直前の、『文明』型文化の社会」と書かれているので、ピラミッドも古墳も美的モニュメントであるというのが松木理論のようですが、文字がある社会だったかどうかという点にこだわるなら、ピラミッドと古墳は一緒にできないのかもしれませんね。

ナウマンゾウ、メイン？

清水　僕は、この本はやっぱり縄文・弥生以降の章が面白いと思うんですが、少し戻って前半の旧石器時代の章についてはどうですか。

高野　旧石器時代の描き方については、一つ疑問があるんです。日本列島にはナウマンゾウ[*45]がいて、人々の最大の食料源、最高の獲物になっていたと書いてあるじゃないですか。ここがどうしても納得できないんです。

清水　ん？　なんで。

＊45　ナウマンゾウ
氷河期、日本に生息していたゾウ。明治期に「お雇い外国人」であるドイツ人のナウマン博士が発見したため、そう名付けられた。肩高二・五〜三メートルと、現在のアジアゾウに比べるとやや小さい。約二万三〇〇〇年〜二万年前に絶滅したのではないかと推測されている。絶滅の理由については、かつては人が狩り尽くしたと説明されていたが、現在では気候変動によるものではないかと考えられている。

高野　だって、あんなでかい動物を狩るなんてリスクが高いでしょ。

清水　うん、逆襲されるかもしれない。

高野　だから、たまにゾウを狩るにしてもイベント的に行うもので、ふだんはもっと小さい、安全に捕まえられる身近な動物を追うんじゃないかな。ナウマンゾウ、メイン？　って思って。

清水　松木さんは、長野県の野尻《のじり》湖で見つかったナウマンゾウの骨は、当時の人が湿地に追い込んで殺したものとも言われているけれども、これだけの骨に伴う人工物がわずか数点の骨器《こっき》類であることなどから、それを疑う声もある、とも書いていますね。

高野　今、ここにも疑う声があります（笑）。

清水　ナウマンゾウ一頭からは肉や内臓が一・五〜二トンとれて、これは、大人二人と子ども数人からなる現代の核家族だったら、ホルモン込みの焼肉パーティが一〇〇〇回ほどもできる量だって松木さんは計算していますが、これ、どうやって保存したんだろうという疑問もありますね。

高野　狩るときは、たぶん、たくさんの人が集まって来て協力したんでしょうけど、今でも、狩猟採集民って、そんなにまとまって住んでいないことが多いので、そういう狩りは日常的にはできないんですよ。たまに大勢が集まってワーッてやるものだというイメージが僕にはあるんで、旧石器の人たちがナウマンゾウをしょっちゅう食べていたとは考えづらいんだけどなあ。

清水　『はじめ人間ギャートルズ』[*46]ではマンモスを食べていましたけど、あれも滅多にとれないごちそうというふうに描かれていましたよね。

弥生の戦いの起源は何だったのか

高野　先史時代については、今後も新たに解明されていくことがたくさんあると思うんですよね。たとえば、『サピエンス全史』に、トルコで見つかった巨大構造物の話が出てくるじゃないですか。紀元前九五〇〇年頃、まだ農耕も始まっていない時代に、彫刻を施した記念碑的構造物がつくられていたという。そういう従来の考古学では説明のつかないことがまだまだありそうなので、

＊46　『はじめ人間ギャートルズ』　架空の原始人の生活を描いた園山俊二（一九三五〜九三）原作のテレビアニメ。一九六五年より『漫画サンデー』にギャグマンガ『ギャートルズ』の連載開始。一九七四〜七六年にテレビアニメ化され、子どもたちに人気を博した。輪切りのマンモス肉や巨大な石の貨幣など、史実性はともかく、当時の子どもたちの原始時代イメージに与えた影響は大きい。

これからが楽しみです。

清水　そうですね。農耕の開始だけで説明のつかないことっていうのも確かにあって、たとえば、なぜ弥生時代に戦争が始まったのかなんて、まだよくわかってないですよね。農耕によって食料の余剰が生まれ、その収奪のためにクニ同士が争ったからだという教科書的な説明はあるんですが、一方で、松木さんは『人はなぜ戦うのか』（中公文庫）で、田地を切り拓くための土地の囲い込みなどに原因があったのではないか、としていますよね。

　ユニークなところでは、吉田孝*47さんという古代史研究者が『日本の誕生』（岩波新書）で、弥生の戦争は「生口《せいこう》*48」という奴隷を獲得するためでもあったんじゃないかという説を唱えているんですよね。日本列島にはこれといった資源や特産物がないじゃないですか。だから、弥生のクニは、中国や朝鮮半島の鉄と交換してもらう対価物として、最も手近で相対的に高価な奴隷を手に入れようとしていたんじゃないかということです。

高野　それ、一五世紀から西アフリカでやられていたことと同じじゃないですか。

＊47　吉田孝（一九三三〜二〇一六）歴史学者。青山学院大学名誉教授。愛知県生まれ。専門は日本古代史。著書に『律令国家と古代の社会』（岩波書店）、『古代国家の歩み（大系日本の歴史3）』（小学館）など。

＊48　生口　古代中国・朝鮮の記録に登場する言葉で、捕虜・奴隷を意味する。『後漢書』東夷伝には、一〇七年に倭国王が後漢に生口一六〇人を献上、『魏志倭人伝』には、二三九年に邪馬台国の女王卑弥呼が魏に生口一〇人を献上した、との記事が見える。

清水　ええ、奴隷狩りや奴隷貿易[*49]と同じ構図ですね。

高野　つまり、その説だと、弥生時代には、鉄製の武器が手に入ったから、クニ同士がそれで戦うようになったというより……。

清水　鉄と交換するために人間をさらうようになって、争いが起こったということですね。農耕社会の成立によって身分ができたのではなくて、奴隷を求めて戦いが起きて、結果的に身分ができたとも言えます。

高野　そういえば、このあいだ後藤健《たけし》さんという考古学者の書いた『メソポタミアとインダスのあいだ』（筑摩選書）という本を読んだのですが、そこでもメソポタミア文明が誕生した理由を「ペルシアやレバノンなど他の地域から木材や金属を輸入するため、対価となる農作物が必要だった」というふうに大胆に説明していました。その余剰農作物は言わば「外貨」ですから、その管理や輸出のために文字や管理人（支配層）が生まれたということですね。従来は「農作物が豊富にとれるため、その余剰で交易を行い、文明が発展した」と解釈していたわけですから、まさに真逆。鉄を得るために奴隷獲得戦争が行われたという説と似てます

＊49　奴隷狩りや奴隷貿易　一五世紀以降、ヨーロッパ諸国が新大陸の労働力とするためにアフリカ住民を奴隷として売買した貿易形態。三〇〇年間に売買された奴隷は一〇〇〇万人に達するとされる。当初、奴隷の供給はアフリカの王国・部族内の債務奴隷、戦争捕虜、犯罪奴隷、属国からの貢物としての奴隷であったが、次第にヨーロッパ商人への売却を目的として王国・部族間の奴隷狩りが行われるようになっていった。

よね。

清水　従来の説明とはまったく逆ですが、そういう説明もできてしまったりするのが、先史時代や古代の歴史の怖いところでもあり、面白いところでもあります。まあ、中世史でもないことはないのかもしれないけど。

高野　今回は松木さんの一連の著作を読んで、古い時代のことがこんなに緻密に研究されているんだということが驚きでした。今後、認知科学はもっと発達するでしょう。それによって考古学の形もさらに変わっていくような気がします。

清水　考古学をやっている人の頭の使い方は文献史学の人間とはいろいろと違うということがわかって、僕にとっても刺激的な一冊でした。

第八章

『日本語スタンダードの歴史』

——標準語は室町の昔から

『日本語スタンダードの歴史　――ミヤコ言葉から言文一致まで』

野村剛史著／岩波書店／二〇一三年／三二〇〇円＋税

近世の武家や知識人たちは、出身地域が異なっていても互いに通じる言語を獲得していた。本書では、まず第Ⅰ部で、そのような「スタンダード」（標準語）の萌芽が見られるようになった室町時代末期の言語から考察を始め、それが近世を経て国内に広く伝播していった歴史を、多分野にわたる膨大な資料をもとに解明。明治維新以降、いわゆる「江戸・山の手言葉」が現代標準語となったという通説を覆す。続く第Ⅱ部では、明治期に「言文一致体」が創始された経緯と、文語体から口語体への移行によって起きた文学的構造転換を読み解く。

野村剛史　のむら　たかし

言語学者。東京大学名誉教授。一九五一年、東京都生まれ。京都大学文学部卒業。京都府立大学教授などを経て東京大学大学院総合文化研究科教授。二〇一六年、退官。専門は日本語学、日本語文法。他の著書に『話し言葉の日本史』（吉川弘文館、二〇一〇年）がある。主要論文に「上代語のノとガについて（上・下）」（『国語国文』62-2・3）、「モダリティ形式の分類」（『国語学』54-1）など。

伊達政宗が「田舎者」を自覚した瞬間

高野　最終回は僕の紹介する本です。この本では日本の標準語のことを「スタンダード」と呼んでいて、その成り立ちが書かれているんですが、ぜひ清水さんに読んでもらって、意見を聞きたいと思ったんですよね。

清水　著者の野村剛史さんの主張では、やはり室町時代に画期があったということですね。室町以前の五〇〇年間の言葉の変化に比べれば、室町から現代にかけての言葉の変化は非常に緩慢であると分析されている。簡単に言っちゃうと、室町時代の人にとっては、鎌倉時代人より現代人とのほうが話しやすかったはずだ、っていうことですよね。そのあたりの話は、本書よりも少し前に出された『話し言葉の日本史』（吉川弘文館）でもっと具体的に展開されてますね。

日本人の生活文化の基礎が室町期にできたということは、今までもよく言われてきましたけど、現代日本語につながる言葉もあの時代にできたというのは、我が意を得たり、という感じですね。

高野　なにしろ、本文の冒頭にいきなり内藤湖南《こなん》*1が出てきますからね。「大体今日の日本を知る為に日本の歴史を研究するには、古代の歴史を研究する必要は殆《ほとん》どありませぬ、応仁の乱*2以後の歴史を知つて居《お》つたらそれで沢山です」（内藤湖南『日本文化史研究』）という文章を引用して、「現代日本語の源流についても、約五百年前、すなわち応仁の乱以降の一五・一六世紀の日本語を眺めれば足りる」と野村さんは言い切っている。

清水　ですよね。

高野　これまでに清水さんから教わったことがいろいろ出てくる本でもありますね。

清水　あ、そうでした？　何か教えましたっけ？

高野　教わりましたよ（笑）。室町期には、流通が発達して、都にいろいろなものが集まってくる、と同時に、都の知識や教養が地方に拡散していった結果、人々が都を目指すようになったって言ってたじゃないですか。

清水　ああ、そうですね。

＊1　内藤湖南（一八六六〜一九三四）
東洋史学者。現在の秋田県生まれ。大阪朝日新聞などの記者として活躍後、京都帝国大学（現・京都大学）教授となる。東洋史学の基礎を築き、「内藤史学」と呼ばれる独自の歴史像を描いた。著書に『支那史学史』（東洋文庫）など。

＊2　応仁の乱
室町後期に京都を中心として続いた大乱（一四六七〜七七年）。応仁・文明の乱とも。細川（東軍）・山名（西軍）両有力大名の勢力争いと、足利将軍家、畠山・斯波両家の跡継ぎ問題が絡み合い、天下を二分する戦いに発展した。戦乱は地方にも拡大し、京都は荒廃、幕府の権威は失墜し、

高野　だから、室町期には「京に上っていく一寸法師」[*3]みたいな説話も生まれるんだけど、鎌倉期にはそういう話はないんですよね。

清水　そうですね。そういう時代の中でスタンダードができつつあったんでしょうね。

　野村さんは、豊臣秀吉による天下統一にも注目していますよね。これによって、各地の大名が京・大坂に招集されて、秀吉政権下でお互いに社交をしなくてはならなくなったというふうに。

　それについては、僕も思い当たるところがあって。伊達政宗の伊達家って、もともとは福島が本拠地なんですけど、言葉の使い方がちょっと特殊なんですよ。政宗のひいおじいさんの稙宗《たねむね》という人が『塵芥集』という分国法をひらがなで書いているんですけど、当時はまだ一般的でなかった濁点を使っているんですね。しかも、点が三つの三濁点[*4]なんです。

高野　へえー！

清水　で、政宗もずっとそのローカルルールにのっとって文書を書いていたんですが、朝鮮出兵のときに、九州の名護屋《なごや》城[*5]にいろ

戦国時代へと移行するきっかけとなった。

＊3　「一寸法師」　室町時代の御伽草子の一つ。身長一寸ほどの主人公が鬼退治をし、打ち出の小づちの力で立派な若者になり、高貴な姫と結婚し、立身出世するまでを描く。

＊4　三濁点　中世後期～近世初期の三濁点の普及については、山田忠雄「黒川本日蓮聖人註画讃の写音法」（『国語学』八四集）参照。

＊5　名護屋城　佐賀県唐津市鎮西町にあった平山城。一五九一年、豊臣秀吉が朝鮮出兵の前線拠点として築城。全国の大名が城下に陣屋を構築し、つ

いろな大名たちと一緒に集結させられて共同生活を営むようになると、文書から三濁点が消えて点が二つになるんです（参考：佐藤憲一「伊達政宗の手紙にみる『三濁点』と『二濁点』」『仙台市政だより』二〇〇三年一月号）。ほかの大名と同じ釜の飯を食うような暮らしをしているうちに気づいたんでしょうね。「あ、三濁点はよそでは使わないんだ」って。大名を一カ所に集めるという秀吉の軍事行動が、文化の均質化を促進する効果をもたらしたということですよね。

高野　なんだか、すごく説得力がありますね。

「なにをいっているのかわからぬ」島津軍？

高野　僕はマンガの『へうげもの』[*6]（山田芳裕、講談社）が好きで、最近も関ヶ原の戦い以降のくだりを読んでいたんですけどね。主人公の古田織部[*7]って、武将で茶人でもありますけど、しょっちゅう江戸と京・大坂を行き来しているんです。ほかの大名もそうで、徳川家と豊臣家の両方に気を使っているから、みんな行った

ねに一〇万人以上の将兵が駐留していた。石垣・礎石が現存しており、周囲には一三〇あまりの陣屋跡が残る。国指定特別史跡。「日本百名城」の一つ。

＊6　『へうげもの』　読みは「ひょうげもの」。古田織部が、武人としての出世と数寄者としての欲との葛藤に悩みながら、怒濤（どとう）の戦国時代を駆け抜けていくさまを描いた作品。

＊7　古田織部（一五四四〜一六一五）　安土桃山時代の大名、茶人。名は重然（しげなり）。千利休に茶を学び、信長・秀吉・家康に仕えた。大坂夏の陣で豊臣家への内通を疑われ自害。茶席や庭園、陶

り来たり。だから、大坂の陣で豊臣家が滅ぶまでは、日本の中心が二つあるような感じだし、あれだけ人が動いたら、室町時代に上方で芽生えたスタンダードが関東に広がっていったっていうのは自然な話だと思いますよ。

さらに参勤交代で大名が江戸に拠点を置くようになると、彼らは室町期の上方語に由来する近世スタンダードを話すようになるわけでしょ。

清水　二〇一七年に『関ヶ原』[*8]って映画が公開されたでしょ。あの映画、登場人物がみんな、すっごい早口でしゃべるんですよ、しかも難しい言葉で。なかでも、島津軍は本当に何を言っているのかわからないんです。気を抜くと外国語に聞こえるぐらいのレベルで（笑）。けっこうネット上でも話題になったんですよ。

関ヶ原の戦いの島津軍って、最初は東軍に加わろうとしたのに途中で西軍につくことになって、しかも戦闘には一切参加しないという不思議な行動をとるじゃないですか。

それで、映画の原作の司馬遼太郎の『関ヶ原』を読んでみたら、「『薩州島津家の侍は、なにをいっているのかわからぬ』という定

芸で「織部好み」といわれる独特の意匠を流行させた。

＊8　『関ヶ原』　監督・脚本は原田眞人。原作は司馬遼太郎の同名小説。関ヶ原の戦いを敗者である石田三成（岡田准一）の視点から描く。同名テレビドラマについては、『世界の辺境とハードボイルド室町時代』（集英社文庫）二九一〜二九二頁参照。

評があった」と書いてあるんです。石田三成[*9]の家老の島左近[*10]が島津家の大坂留守居役と会ったときも、互いに言葉が通じないから「謡曲[*11]のことばを使った」って（新潮文庫、中巻）。

要するに、島津氏が関ヶ原で妙な行動をとった理由の一つは、あまりにも方言がディープで、他の大名とコミュニケーションがとれなかったからだと。だから、あの映画は原作には忠実なんですよ。

高野　で、それはどこまで本当の話なんですか。

清水　いや、そんなことはありえないでしょう（笑）。島津氏も朝鮮出兵のときに、他の大名たちと共同生活をしているはずだし、言葉が通じないと一緒に戦えなかったと思いますよ。

高野　『へうげもの』でも、島津義弘のセリフは、梵字みたいな、極端に崩した草書体みたいな、よくわからない文字で書かれているんですよ（笑）。

清水　そういう演出なんですか。すごいな。

高野　まあ、でも、言葉が通じないというのはフィクションなんでしょうね。あの時代、茶の湯がすごく大事だったでしょ。大名

＊9　石田三成（一五六〇～一六〇〇）
安土桃山時代の大名。近江佐和山城主。豊臣秀吉に仕え、五奉行の一人として行政面で手腕を発揮した。秀吉の死後は徳川家康と対立し、関ヶ原の戦いで敗れ、処刑される。

＊10　島左近（?～一六〇〇）
安土桃山時代の武将。筒井氏の家臣から浪人の後、石田三成に仕える。後世に「三成に過ぎたるものが二つあり、島の左近と佐和山の城」と謳（うた）われた伝説的名将。

＊11　謡曲
能楽の詞章と曲。

はこぞって古田織部の弟子になろうとするし、茶の湯の席では作法を習うわけだから、標準的な言葉遣いも間違いなく習いますよね。

清水　名護屋城の周りには各大名の陣屋[*12]があって、今は畑になっていますけど、堀秀治[*13]なんて大名の陣屋には茶室の跡も見つかってるんですよ。そのくらい茶の湯をやっていたら、作法にしても会話の仕方にしても習得しますよ。

*12　陣屋　合戦などで将兵が駐屯する営舎。

*13　堀秀治（一五七六～一六〇六）　安土桃山時代の大名。堀秀政の嫡男。越前北ノ庄を経て越後春日山城主となる。越後福嶋藩の祖。

東京語が標準語になったのではなく、標準語が東京語をつくった

高野　僕がこの本で一番面白いなと思ったのは、よく江戸・山の手言葉が現代標準語になったと言われるけれども、逆なんだということですね。江戸期の近世スタンダードが、明治以降、東京の山の手言葉になった。

清水　はいはい。

高野　そのことを野村さんは明治初期の東京の人口激減から読み

解いているんですね。徳川家の静岡移転や廃藩置県などによって幕府の旗本・御家人、[14]大名とその家臣団がドカッと東京からいなくなって、東京の山の手からほとんどの武家が姿を消したのに、そこの言葉が標準語になるはずがないというふうに。

清水　山の手は一度、まっさらにリセットされているんですよね。

高野　そうそう。スタンダードはその前から各地に広まっていて、明治前期の東京の人口回復期に、スタンダードを話せる官員や会社員や教員や書生が上京して山の手に住みついた。ここはたぶん野村さんの議論の核心部分だと思うんですが、言語学じゃなくて、歴史学や社会学の視点で見ているんですね。

清水　しかも、もともとの江戸時代の山の手言葉っていうのも、この土地に固有のものではなくて、当時の京・大坂の言葉とそんなに差異はないんだという言い方を野村さんはしていますよね。

高野　上方からそのままスライドしてきたということですよね。

清水　だから、近世スタンダードは江戸を中心に同心円状に広がっていったというより、上方と江戸という中心が二つある楕円構造で広がっていったと考えるべきなんでしょうね。

＊14　旗本・御家人
徳川幕府の直臣。一万石未満の石高をもち、将軍に謁見する資格のあるのが旗本で、ないのが御家人。旗本と御家人を合わせて俗に「旗本八万騎」と称し、徳川幕府の軍事力の根幹をなした。

＊15　坂本龍馬（一八三五～六七）
土佐藩出身の幕末の志士。海援隊隊長。薩長同盟を仲

当然、武士はスタンダードが使えたはずだから、幕末の坂本龍馬[*15]や西郷隆盛[*16]が他藩の人と話すときに、テレビドラマみたいに「〜ぜよ」とか「〜でごわす」と言ったりはしないわけだし、地元や家庭内はともかく、ちゃんとした場ではスタンダードで話したんじゃないですかね。

高野　江戸時代の心学[*17]でもスタンダードが使われていて、心学が各地に広まったのはスタンダードがあったからだと野村さんは説明していますけど、これも説得力がありますよね。心学って、僕は知らなかったんですが、道徳みたいな学問ですか。こっそり悪事を働いたつもりでも、お天道様がお見通しとか、そういう感じの。

清水　正直とか倹約、堪忍を徳目とする実践的な道徳教育ですね。従来、江戸時代は儒教の社会だと考えられてきたんですが、どうも違っていたようで。むしろ儒教と神道と仏教をミックスした心学みたいなものによって国民道徳がつくられていったと言われているんですよね。

高野　ああ、そうなんですか。ただ、さっき出ましたけど、上方

（前頁より続く）介し、前土佐藩主山内豊信を説いて大政奉還を実現させたが、京都で暗殺された。司馬遼太郎の小説『竜馬がゆく』で、国民的ヒーローとなった。

＊16　西郷隆盛（一八二七〜七七）
薩摩藩出身の幕末・明治初期の武士・政治家。討幕派の指導者として薩長同盟・戊辰戦争を遂行。明治新政府の成立に尽力するも、征韓論をめぐる政変で下野し、西南戦争で敗れ自害する。

＊17　心学
江戸中期、京都の石田梅岩（ばいがん）が始めた実践道徳の教義。儒教に神道・仏教を融合させ、平易な言葉で民間に広まった。石門心学。

と江戸の言葉に差異はなかったと言われると、本当にそうだったのかと（笑）。今は関西弁と東京の言葉って、ぜんぜん違うでしょ。少なくともイントネーションが決定的に違うわけで。

清水　確かに、そこはもう少し説明が欲しいところではあります。江戸時代には藩という枠組みができたので、スタンダードが広まる一方、各藩の中で方言もどんどん分化していったということは、野村さんも書いているんですけどね。

高野　日本語の方言分化は、古代・中世の荘園制社会より近世・近代初期のほうが強くて、それは、人々が同じ土地に定住する度合いは近世・江戸期が最も強かったからだという説明ですね。これも、日本の農村共同体がしっかりと形成されたのは応仁の乱以降だという、前に清水さんから聞いた話と符合します。

清水　ええ。平安後期に成立した『今昔物語集』って、あれだけいろんな話がいっぱい入っているのに、地域間の言葉の違いやコミュニケーションがとれないことを笑いの対象にするような話は見られないんですよね。江戸期の戯作なんかだと、田舎の人の言葉遣いを揶揄《やゆ》するような話が出てきますけど。

高野　僕の知っている例だと、ソマリ語って方言差が小さいんですよ。もともとソマリ人は遊牧民でしょ。
清水　あ、なるほど。移動するから。
高野　かなり遠い、一〇〇〇キロぐらい離れた場所に住んでいても、そんなに言葉は違わないんですよ。
清水　じゃ、中央の文化的な優越性は言葉によって表されるものではないと。
高野　ないですね。ちなみにソマリ語にも標準語はあるんですけど、旧ソマリアの首都モガディショの言葉じゃなくて、ソマリランドの言葉なんです。というのも、ソマリランドはイギリス領だったから、ＢＢＣ[*18]ラジオのソマリ語放送を一九五〇年代ぐらいからやっていて、そこでアナウンサーがしゃべっていたソマリランドのソマリ語がスタンダードになっちゃったらしいんです。
清水　それをソマリア各地のソマリ人が聞いて、標準語として受け入れちゃったんですか。
高野　そもそもそんなたいした違いはないんですが、珍しい例だと思いますよ。

＊18　ＢＢＣ　British Broadcasting Corporation。英国放送協会。一九二七年に設立された、イギリスのラジオ・テレビの放送を実施している公共事業体。

スタンダードが拙い坊っちゃん、マルチリンガル福沢諭吉

高野　この本の中には、夏目漱石の『坊っちゃん』[*19]のことが出てくるじゃないですか。

清水　坊っちゃんは、江戸の下町言葉、いわゆる「べらんめー」調で話す人なんだけど、赴任した中学の職員会議では意外にスタンダードで話しているんですよね。改まった場所だから。

高野　あの小説の他の登場人物、狸、赤シャツ、山嵐、野だいこ、うらなりも、たぶん東京の学校を出ていて、その間にスタンダードを身につけるか、磨くかしたに違いないというのが野村さんの見方ですね。

清水　特によくスタンダードに適応できているのは、実は会津出身の山嵐で、かなり流暢《りゅうちょう》なんですよね。運用能力が高い。

高野　むしろ坊っちゃんが一番、スタンダードは拙《つたな》いんじゃないかって野村さんは見抜いている。斬新な解釈ですね。

＊19　『坊っちゃん』　一九〇六年（明治三九年）に発表された夏目漱石の小説。四国の松山がモデルと思われる土地に赴任した若い江戸っ子教師が地元の因習とぶつかるさまをユーモラスに描く。

＊20　福沢諭吉（一八三五～一九〇一）　明治期の啓蒙思想家。豊前国中津藩（現在の大分県中津市）出身。大坂の緒方洪庵の適塾で蘭学を学び、江戸に蘭学塾を開く（のちの慶應義塾大学）。欧米に三度わたった経験をもとに、在野で啓蒙活動に従事した。著書に『西洋事情』『学問のすすめ』『文明論之概略』など。

清水　坊っちゃんは興奮すると、うまくしゃべれなくなってしまうし、江戸っ子のプライドもあって、スタンダードに適応できていない。野村さんの言い方では、「言語的に『育っていない』」。

高野　つまり坊っちゃんは近代に適応できない人だったんですね。

清水　福沢諭吉[*20]について書かれていたところも面白かったです。もともと彼は大分の中津藩士[*21]なんだけど、父親が大坂蔵屋敷[*22]に勤めていたので、大坂生まれなんですよね。だから、父が死んで中津に移ってからも、福沢とその兄弟は大坂方言が出てしまって、地元の人となじめない。福沢はこの時代の人としては言語に敏感な人だったと野村さんは評していますけど、実際、中津では身分によって言葉のなまり方も違うということをわざわざ書き残したりしているんですね。

高野　福沢は相当な言語好きだったと思いますよ。

清水　それはあるでしょうね。オランダ語を一生懸命勉強したのに、横浜に行って外国人と話そうとしたら、ぜんぜん通じなくて、そのときの衝撃を『福翁自伝《ふくおうじでん》』[*23]にかなり詳しく書いていますもんね。そこから今度は英語を勉強し始めるわけで。

＊21　中津藩
豊前国中津を治めた藩。一八世紀以降、譜代の奥平氏が藩主となり、石高一〇万石。蘭学を奨励し、前野良沢などを輩出した。

＊22　蔵屋敷
江戸時代、幕府や藩が年貢米や領地の特産物を販売・換金するために設けた倉庫兼取引所。江戸や大坂などに置かれた。

＊23　『福翁自伝』
福沢諭吉の自伝。一八九九年刊行。なお、本文で高野が推測したとおり、オランダ語の素養のあった福沢が英語を習得するのは、当初の衝撃ほど困難なものではなかったことは、以下の文章からもわかる。
「最初私共が蘭学を棄てて

高野　でも、オランダ語がベースにあって英語をやったら、わりとすぐに「あ、ここは似ている」とか「こういうパターンか」って気づくでしょうね。英語が先でオランダ語が後より、かなり楽だったと思いますよ。英語は名詞の性もないし、動詞の活用も少ないから。

清水　ああ、そうかもしれません。

外国人学生にとってマンガが日本語テキストになる訳

清水　それにしても、明治前期の混沌とした状況って、たった一五〇年前の話なんですよね。僕の亡くなった祖母は明治の終わりの生まれなんですけど、つまり祖母の祖父母ぐらいの世代の人たちってことですよね。それぐらいの世代の入れ替わりで、もう当時の人々がふだんどんな言葉で話していたのか、わからなくなっちゃうんですよね。そうなると、『坊っちゃん』みたいな小説を読んで想像するしかないのかもしれないけど、自由民権活動家[*24]はどんなふうに演説していたのかとか、ちょっと聞いてみたいです

英学に移ろうとするときに、真実に蘭学を棄ててしまい、数年勉強の結果を空（むなし）うして生涯二度の艱難辛苦と思いしは大間違の話で、実際を見れば蘭といい英というも等しく横文にして、その文法もほぼ相同じければ、蘭書読む力はおのずから英書にも適用して、決して無益でない。水を泳ぐと木に登ると全く別のように考えたのは、一時の迷いであったということを発明しました」（「大阪を去て江戸に行く」）

＊24　自由民権活動家　明治前期、人民の自由と権利拡大を主張した政治活動

よね。

高野　書き言葉と違って、話し言葉は録音されていないと残りませんからね。

清水　録音されたもので言えば、昭和の高度経済成長期ぐらいの街頭インタビューの映像なんかを見ると、一般の人がすごくかしこまったしゃべり方をしていますよね。今の街頭インタビューはもっとざっくばらんに話しているけど。あれも不思議ですよね。当時は、マイクを向けられたら、丁寧に話すものだという規範意識が働いていたんでしょうかね。

高野　今でも日本語ってＴＰＯに応じて話し方が変わるでしょ。改まった言い方と、家族や仲間うちでの話し方とではまったく違う。たぶん、こんなに話し言葉がいろいろと分化している言語は他にないんじゃないかな。

清水　日本語はジェンダーもありますもんね。女言葉・男言葉みたいな。

高野　ジェンダーでは日本語は世界最高峰らしいですよ。僕もこんなに性差による違いが激しい言語は他に見聞きしたことがない

家。藩閥政府に抗して、国会開設や憲法制定などを訴えた。政党・結社を組織し、立会演説会などを通じて思想を広めた。

ですね。

清水　へえ、そうなんですか。

高野　あと、年齢も関係するでしょ。歳をとると、きちんとした言葉をしゃべるようになるじゃないですか。

清水　ああ、いい歳して若者言葉を使うのはみっともないからって。

高野　僕なんかも、若い頃は「メシ、食った。うまかった」としか言わなかったですよ。それが最近は、「ご飯を食べた。おいしかった」なんて、ふつうに言うようになっているんですよ（笑）。

清水　ああ、だいぶ角が取れましたね（笑）。

高野　だから、日本語の話し言葉って、いったいどうなっているんだろうって思ってて。

以前、僕がタイのチェンマイ大学[*25]で日本語を教えていたときも、そういう話し言葉の難しさが問題になったんです。タイ人学生は勉強熱心で、けっこう日本語が上手な子もいるんだけど、いざ日本人と話すと、「何を言っているのかわかりません」って言うんです。学生は「私はタイ人です。日本人ではありません」とかっ

＊25　チェンマイ大学
タイ北部の都市チェンマイにある国立大学。高野はこの日本語学科で一年間、講師を務めたことがある。

て言うでしょ。でも、日常会話でそんな話し方をする日本人はいないから。

清水　教科書通り文法的に正しく丁寧に話すのと、くだけた感じで話すのとでは、ぜんぜん違いますね。

高野　それで、これじゃダメだと思って、授業でマンガをテキストに使ったんです。そうするとね、かなり言文一致に近い日本語が学べる。

清水　ああ、なるほど。

高野　この本の第Ⅱ部では言文一致について考察されていて、日本語には「話し言葉」と「書き言葉」があって、書き言葉には「口語体」と「文語体」があると野村さんは整理していますよね。つまり、日本語には三つの形があるっていうことなんだけども、マンガのセリフは、書き言葉口語体よりも話し言葉に近い、もう一つの口語体ですよね。

清水　とはいえ、それも文字化した時点で発話とイコールというわけではない。しいて言えば「書き言葉会話体」という感じですかね。

高野　そうそう。

文語体の制約が名文を生み出す

清水　その言文一致についてですが、野村さんは明治期の小説における文語体・口語体の比率を調べ上げて、一九〇〇（明治三三）年に口語体の小説の優位が確立したことを明らかにしているでしょ。それ以前は文語体の小説のほうが多かったわけですけど。かなり後の時期まで文語体は読者にも作者にも支持されているんですよね。それはなぜかというと、明治の前半ぐらいまでの日本人は文語体のほうが書きやすかったし、読みやすかったから、と。そのくらい、文語体に慣れていた。

高野　こういうことを書くときには、こういう言葉を使うものだという定型があったんでしょうね。

清水　ええ。それで思ったんですけど、学者の世界って、研究誌に論文が載ると、自分の論文の部分を別刷りにした冊子を知り合いに送り合う習慣があるんですよ。

そうすると、受け取ったほうは礼状を書かなきゃいけなくて、僕はハガキに万年筆で書くことにしているんですけど、いつも悩むんです。簡潔に「いただきました。読みました。勉強になりました」みたいに過去形の語尾が続くと、稚拙な文章になっちゃって（笑）。

高野　ああ、わかります。僕もメール書くの、すごく遅くて。できるだけ伝わりやすいように「先日のご依頼の件ですが、いろいろ検討したのですが……」っていうふうに書くと、語句の終わりに「が」が二回続くでしょ。そうすると、なんだか頭の悪そうな感じの文章になっている気がしてしょうがない（笑）。

清水　でしょ。で、思ったのは、昔の候文《そうろうぶん》[*26]は便利だなと。「拝受し候。大変面白く候。今後ともよしなに候」って書けばいいわけだから、まさに定型文で、これになじんだ人は文章を書くのが楽ですよね。

高野　つい先日、高島俊男[*27]さんの『座右の名文』（文春新書）という本を読んでいたら、そこに歌人の斎藤茂吉[*28]の随筆が名文の一つとして紹介されていたんですね。

＊26　候文
丁寧語の「候」で末尾を結ぶ文語体の文章。書簡や公文書などで使われた。

＊27　高島俊男（一九三七〜）
中国文学者・エッセイスト。兵庫県生まれ。東京大学大学院修了。一九九五年、『本が好き、悪口言うのはもっと好き』で第11回講談社エッセイ賞を受賞。

＊28　斎藤茂吉（一八八二〜一九五三）
大正・昭和期の医師・歌人。短歌結社誌『アララギ』の編集に尽力、歌壇に大きな影響力を及ぼした。長男は精神科医で随筆家の斎藤茂太、次男は「どくとるマンボウ」で知られる精神科医で作家の北杜夫。

茂吉が旅先で大切な手帳を落としちゃって、いろんな人に探してもらっていると、旅館の番頭さんが見つかったことを手紙で知らせてくれるんです。その手紙も茂吉は随筆の中で全文引用しているんですけど、すばらしいんですよ、文語体で。高島さんも感銘を受けていて、昔は手紙を書くのに決まった型があったから書けたのだろうって指摘しています。

清水 文語体は自由度が少ないという制約があるけど、その制約のおかげで文章が締まるんですね。これからは僕、礼状は文語体で書こうかな（笑）。

高野 それがいいですよ。相手も日本史の研究者なんだから、みんな読めるでしょ。文句を言う人はいないんじゃないですか。

永遠の真理「強調表現は陳腐化する」

清水 まだ話してないこと、なかったかな。ああ、そうだ、前のほうに「連体形[*29]終止の一般化」と「係《かか》り結びの消滅」って出てきますけど、これも室町時代に起きたことなんですよね。

*29 連体形 活用形の一つ。体言に連なるときの語形。また、係り助詞「ぞ・なむ・や・か」を受けて文を結ぶ。

高野　連体形とか係り結びって、よくわかんないんですよ。中学の古文の授業で習ったきりだから。

清水　係り助詞「ぞ、なむ、や、か」が文中で用いられると、文末が連体形で終わって、係り助詞「こそ」が用いられると、文末が已然形《いぜんけい》[*30]で終わるっていうのが係り結びの法則ですね。

よく僕が授業で例に挙げるのは『仰げば尊し』[*31]の歌詞で、「今こそ別れめ〜♪」っていうくだり。あれは、本来は終止形で「別れむ」でなくてはいけないんです。それが途中に「こそ」が入っているから已然形になって「別れめ」なんです。「今こそ別れよう」という意味で、別に卒業式だから「今こそ分かれ目」と言っているわけじゃない（参考：山口仲美『日本語の歴史』岩波新書）。

高野　えーと、それで連体形終止の一般化ということは……。

清水　係り助詞を使っていないのに文末が連体形で終わる文が室町時代に一般化したんです。たとえば他人から何かもらうとき、現代語では「頂戴する」だけど、古文では「頂戴す」でしょ。ところが、室町時代あたりから、これを現代語と同じように「頂戴する」と言うようになった。古文の「〜する」は連体形だから、

＊30　已然形
文語の活用形の一つ。下に「ば・ど・ども」をともなって、順接・逆接の確定条件を表す。また、係り助詞「こそ」を受けて文を結ぶ。例、「行け（ば）」「呼べ（ども）」など。

＊31　『仰げば尊し』
一八八四年に発表された日本の唱歌。戦前から戦後にかけて卒業式で広く歌われた定番ソング。作者については諸説ある。

本当はその後には体言が続かないといけないのに、連体形終止という形で使われるようになり、それがやがて現代語の終止形「〜する」になっていったわけですね。わかります?

高野　えーと、その、えーと（笑）、そもそも係り結びだと、どうして文末が連体形や已然形になるんですか?

清水　なぜって聞かれると困るんですけど、そういう法則なんです（笑）。たぶん、もともとは強調の意味合いだったんでしょうね。だけど、日常会話で頻繁に使われているうちに、連体形終止そのものが通常の表現になってしまって強調の意味が失われ、それと同時に係り結びも形骸化していくんです。

　ただ、「なむ」なんかは現代語の「なー」や「のー」に変化して残っているんですね。地方の人が今でも「あの人がなー」とか「あの人がのー」って言うときの「なー」や「のー」みたいに。それは、この本を読むまで僕は知らなかったです。

高野　つまり、強調表現が陳腐化していったと。

清水　ああ、そうですね。強調のインフレ現象が起きたとも言えるかもしれない。強調表現が陳腐化するというのは時代を超えた真理ですね。

話がちょっとそれますけど、『広辞苑』[*32]の新しい版（第七版）が出たでしょ。

高野　はいはい、知ってます。

清水　あれで、僕、感心したのは「やばい」の説明に「のめり込みそうである」を加えたんですよね、新聞記事やニュースにもなりましたけど。言われてみればそうで、「やばい」はもともとネガティブな言葉ですが、近年は若者の間でポジティブな意味合いでも使われるように変わっていって。だとすると、「のめり込みそう」という語釈は絶妙じゃありませんか。実際には「やばい」もインフレ化していて、もっと軽く使う人も多いけど。

高野　のめり込みそうである……うーん、必ずしもそうじゃない気がするけど。

清水　ダメ？

高野　僕は、「やばい」は、自分がもっているイメージを超えるとか、イメージが壊されるっていう意味合いで使われていると思ってたんだけど。野球の選手がものすごいホームランを打ったと

＊32　『広辞苑』岩波書店の国語辞典。新村出・新村猛の編。一九五五年初版。二〇一八年に第七版刊行。収録語数約二五万語で、中型辞書としては最も支持されている。

きなんかに、「あの打球はやばい」って言うみたいに。

清水　ああ、既成概念が覆されたとかそういう。それはそれでいいですね。

高野　ソマリ人の若者がソマリ語でまったく同じことを言うんですよ。アラビア語由来の言葉で「危険」とか「危ない」を「ハタル」と言うんですけど、今の若者は「やばい」の意味で「ハタル」を使うんです。そもそもは戦闘とか災害の話をするときに使う言葉なのに、たとえば外国人の僕がソマリ語をしゃべったときとかに、「ハタル」って言われたりするんですよね。「お前、やべえよ」みたいなね。

清水　その場合はほめているわけですよね。

高野　そう。でも最初はそう言われて喜んでたんだけども、これもすごくインフレを起こしてて、ソマリ人の若者はしょっちゅう「ハタル」って言う。僕のソマリ語もたいしたことないんだっていうことが、最近はわかってきちゃった（笑）。

清水　なるほど。いやあ、言葉について語り出すと、話題が尽きませんね。

今回、全体を通じて感じたのは、日本文化の求心性ですね。一九八〇年代以降の歴史研究では、日本という枠組みを相対化したり、日本の社会や文化の多様性を掘り起こしてきた面が強くて、僕もその流れで研究してきたんですが、言語に関していえば、スタンダードという求心力の強い核みたいなものがあった。そういう文化論が展開されていて面白かったです。

高野　僕も、今まで信じていたことが、くるんとひっくり返されるという読書の醍醐味が味わえました。

この対談の初回で取り上げた『ゾミア』は、国家から逃れていく人々の話でしたけど、この本を読んで、文化的な標準とか中央の求心力みたいなものは、権力による強制とは違う形で存在してきたし、今も存在しているんだろうなということがわかりましたね。二年間、ありがとうございました。

清水　こちらこそ、ありがとうございました。また、面白い本が見つかったら教えてください。僕も何か見つけたら報告します。

おわりに

今だから告白するが、正直何度も「この読書会、もう辞めたい……」と思った。負担が大きいのである。毎回、準備のために十日ぐらいかかる。人文書や学術書が多かっただけに、本を読むだけでも一苦労だ。特に三回目のイブン・バットゥータ『大旅行記』全八巻など、ざっと読むだけでも二週間かかり、「誰がこんなの課題図書にしたんだ！」と言いたかったが、それは私なのだった。清水さんはどうやらこの本のために、少ない夏休みを棒に振ってしまったらしい。本当にお気の毒である。

そのように、本を読み、丹念にメモをとり、疑問点や意見、感想をまとめる。それだけではない。ときには同じ著者の他の著作やテーマに関連した別の著者の本まで読む。特に清水さんが熱心に「これも読んでおいたほうがいいですよ」と勧めてくる。読まないわけにいかないじゃないか。

読書会の当日は朝から気もそぞろで、何をどう話していくかとか、もっと違う視点があるんじゃないかなど、ぐるぐる頭の中で回り続け、他のことは手につかない。だいたい午後三時ぐらいに集英社インターナショナルの会議室に集まってスタート。そのまま三時間ほど夢中でしゃべりまくって、喉が痛くなってきた六時ぐらいに終了する。

終わると、素晴らしい充実感に包まれたまま、近くの飲食店に移動し、打ち上げ。馬鹿なのかもしれないが、一杯入ると、またその日のテーマだった本やその著者の話で盛り上がり、やがて、「次はどの本にしようか」と熱く語り合ってしまう。

今から思えば、これはまるで文化祭で出し物をやる高校生か、ライブハウスを借りてバンド演奏する中年サラリーマンのようだ。しかも三カ月に一回。大変は大変だが、傍《はた》から見れば、こんな〝能天気な大変さ〟もないだろう。

さて、今回これだけの労力を費やして私は何を得たのだろう。歴史に詳しくなったとか、自分のライフワークである「辺境」について理解を深められたというのはもちろんある。知的興奮も十分すぎるくらい味わった。だが、いちばん実感したのは意外にも「教養の意義」だった。

私は世界中を相当に旅しているし、人並み程度には歴史にも興味をもち、自分で本を読んだりしてきた。しかし、漠然と経験や知識を積み上げているだけで、体系だててそれを考えたり、他の人と議論したりしたことがなかった。

今回、大学の清水ゼミにうっかり一人で登録してしまった学生のような私は、否応《いやおう》なしに正面からテーマ――辺境と歴史――に向き合わざるを得なかった。すると、これまでぼんやりと映っていた辺境や歴史の像《イメージ》がすごくくっきりと見える瞬間が何度もあった。解像度があがるとでもいうのだろうか。同時に、「自分が今ここにいる」という、不思議なほどに強い実感を得た。そして思ったのである。「これがいわゆる教養ってやつじゃないか」と。

思えば、「ここではない何処か」を求める志向を私たち二人は共有している。でも浅はかながら私はなぜ自分がそれに憧れつづけていたのか気づかずにいた。「ここではない何処か」を時間（歴史）と空間（旅もしくは辺境）という二つの軸で追求していくことは「ここが今どこなのか」を把握するために最も有力な手段なのだ。その体系的な知識と方法論を人は教養と呼ぶのではなかろうか。

もちろん、日常のルーティンにおいて、そんなことはほぼどうでもいい。だから往々にして教養は「役に立たない空疎な知識」として退けられ、いまやその傾向はますます強まっている。でも、個人や集団や国家が何かを決断するとき、自分たちの現在位置を知らずしてどうやって方向性を見定めることができるだろう。

その最も頼りになる羅針盤（現代風にいえばGPS機能）が旅と歴史であり、すなわち「教養」なのだと初めて肌身で感じたのだ。同時に五〇歳を過ぎてそんな初歩的なことに気づくようだから、私の人生は迷走の繰り返しだったのだと腑に落ちた。でも重要な決断は人生あるいはその集団や国家が終わるまで必要とされるのであり、教養を学ぶのに遅すぎることはないとも思うのである。

最後になったが、機を逃さず一切の妥協をしない敏腕編集者の河井好見さん、そして二人のおしゃべりを完璧な仕事でまとめてくれ、清水さんと同様、私に教養のなんたるかを知らしめてくれた秋山基君に御礼申し上げたい。ちなみに秋山君は私が早稲田大学探検部四年生だったとき新入生として入部してきた直《ちょく》の後輩である。一緒に真冬の山形県の雪山へＵＦＯ基地を探しに行ったこともある。まさか三〇年後、宇宙人ではなく教養に遭遇するとは夢にも思わなかった。

今回も本書のテーマにドンピシャの作品をご提供くださった山口晃さん、本書を素晴らしい装丁とデザインでまとめてくださったアルビレオさんにも合わせて御礼申し上げます。

高野秀行

追章　『姦通裁判』

——文庫化記念対談

『姦通裁判——18世紀トランシルヴァニアの村の世界』

秋山晋吾著／星海社新書／二〇一八年／一一〇〇円+税

一七六四年から翌六五年にかけて、東ヨーロッパの辺境、トランシルヴァニア侯国（現在のルーマニア）のコザールヴァール村で姦通裁判の証人尋問が行われた。原告は貴族の一人イシュトヴァーン、被告はその妻ユディトと間男アーダーム。尋問では、延べ一〇〇人を超える村人たちが被告たちの堂々たる逢瀬の様子を赤裸々に語る。本書はそれらの裁判記録などをベースに、近世東欧の村の暮らしや人々の価値観を詳細に復元しつつ、事件の深層に迫っていく。歴史研究の方法論や史料との向き合い方についても述べられており、近世史料学の入門書となっている。

秋山晋吾

あきやま　しんご

東ヨーロッパ史研究者。一橋大学大学院社会学研究科教授。一九七一年生まれ。千葉大学大学院社会文化科学研究科修了、博士（文学）。一七～一九世紀のハンガリー・ルーマニアを中心とする東ヨーロッパの社会史研究を専門とする。共著・編著に『移動がつくる東中欧・バルカン史』（刀水書房、二〇一七年）、『つながりと権力の世界史』（彩流社、二〇一四年）、訳書・監訳書にモーリー・グリーン『海賊と商人の地中海』（NTT出版、二〇一四年）、カール・カーザー『ハプスブルク軍政国境の社会史』（学術出版会、二〇一三年）、ロビン・オーキー『ハプスブルク君主国　1765-1918』（NTT出版、二〇一〇年）など。

イブン・バットゥータは「なかったこと」を証明する

高野　ボーナストラック対談を始める前に、関係ない話、していいですか。まったく無関係でもないんだけど。

ここ三、四日、うちに探検部で三つ下だった後輩が泊まってたんですね。福島のいわきに住んでいるやつで、今日、一緒に家を出て帰っていったんだけど、途中、しゃべっていて、いきなり『大旅行記』を訳した家島彦一先生の話を始めたんですよ。「家島先生に会ったことがある」って。「なんで会ったの？」って聞いたんですけど、彼は探検部時代、シリアのクルド人地域[*1]に「地底人」を探しに行ったことがあって、今でもしょっちゅうそのときの話をするんです。

清水　シリアに地底人がいるんですか。

高野　僕もなんべんも話を聞いているんだけど、いつもまじめに聞いてないからよくおぼえてないんです。なんでもアレクサンドロス大王[*2]の末裔が地下に潜って地底人になったとかで。

＊1　クルド人地域　少数民族であるクルド人が主に住んでいるシリア北東部のエリア。シリア内戦における激戦地の一つ。

＊2　アレクサンドロス大王（BC三五六〜三二三）マケドニア王。ギリシア諸都市を平定した後ペルシアに遠征し、ダレイオス（ダリウス）王のペルシア軍を破ってインダス河畔にまで軍を進め、空前の大帝国を築く。

清水　ずいぶん昔からの話なんですね（笑）。

高野　そうなんです。それで彼は地底人探査の事前リサーチとして、当時、東京外国語大学の教授だった家島先生に会いに行って話を聞いたと。

清水　数多くいるその地域の専門家の中から家島先生を選んで。

高野　いったい何の話を聞いたんだか、よくわからないんだけど。

清水　どういう方なんですか、家島先生って。

高野　親切な先生だったらしいですよ。まあ、その後輩も「地底人について教えてください」とは口に出さないようにして会ってもらったんでしょうけどね。

清水　他大学の学生がわざわざ訪ねてきたから、気軽に会ってくれたのかもしれないですね。で、高野さんは今日、その後輩の方にイブン・バットゥータや『大旅行記』の話はしました？

高野　したんですけどね。それは聞き流されました（笑）。

清水　そこは興味を持ってもらえないんだ。

高野　僕自身は、この読書会を続けてきて、自分的にも周りの反応としても一番インパクトが大きかった本は、『ゾミア』か『大旅行記』だったんじゃないかと思っているんですけど。

清水　やっぱりそうですよね。

高野　イブン・バットゥータはその後も何度も現れてきて、ほんと驚きますよ。

清水　ああ、別の仕事をしていると出てきました？

高野　そうそう。対談の後、西アフリカに納豆を探しに行ったで[*3]しょ。そのとき現地の食文化をいろいろ調べたんですけど、第一級史料なんですよ、イブン・バットゥータ。何か文献を読んでいて「一四世紀にはコメがこんなふうに食べられていた」とかっていう記述があったら、もう間違いなく、出典は『大旅行記』なんです。

イラクの湿地民[*4]の取材をしているときもそうでした。一九世紀以前の湿地民について具体的に書いているのは、イブン・バットゥータ一人しかいない。

あと、アッバース朝の時代にアフリカ人奴隷がいて、アフリカのどこから来ていたのかという論争が起きているんですね。奴隷たちは「ザンジ」と呼ばれていたんですが、その語源はザンジバ

＊3　西アフリカに納豆を探しに行った
西アフリカでは広く、日本の納豆と同じように納豆菌で発酵させた豆や種が食されている。高野はそれを取材し、『幻のアフリカ納豆を追え！』（新潮社、二〇二〇年）という本にまとめた。

＊4　イラクの湿地民
イラクの湿地とは三三頁の註36「シャットゥルアラブ川の沼沢地帯」のこと。そこにはアラブ人ながらボートで移動し水牛を飼って生活を営む水の民が住んでいる。

ル[*5]で、だから東アフリカから来ていたに違いないというのが通説らしいんですけど、ある研究者がそれを痛烈に批判しているんです。もし東アフリカの出身だとしたら、当時そこに行っているイブン・バットゥータがそういう奴隷について記録していないわけがない、だから東アフリカ出身ではないっていうわけですよ。

清水　ほう。イブン・バットゥータが書いていない以上、学説として間違っているはずだと。

高野　そう。あんなに何でもかんでも正確に描写する人が見逃しているわけがないと。そこまで信頼されているなんて、イブン・バットゥータ、すごいって、わがことのようにうれしくて（笑）。

清水　あの人は特に奴隷には詳しいですしね。それにしても、ふつうは「ないこと」を証明するのは難しいから「悪魔の証明[*6]」と言われたりするのに、イブン・バットゥータの場合は、「書いていないこと」が「なかったこと」の十分な証拠になってしまう。そんな史料って、ほかに見当たらないですよね。大変だったけど、読み通した価値がありましたね。

高野　ほんとですよ。ちゃんと読んでなかったら、調べ物をして

＊5　ザンジバル
東アフリカ・タンザニアの島。

＊6　悪魔の証明
ローマ法において、所有権の帰属証明が困難であることを比喩的に表現した語。現在は、消極的事実の証明が困難であることを表す用語でもある。たとえば「地底人が存在する」ことは地底人を一人発見すれば証明できるが、「地底人は存在しない」ことを証明するためには世界中の地下空間をくまなく調査する必要があり、事実上、立証は不可能であることからそう呼ばれる。

いて「イブン・バットゥータによると……」っていう文章を見ても、ピンとこなかったかもしれない。今はもうピンときすぎるほどきますし、家に全巻あるから、すぐ原典に当たることもできる。

屋敷の間取りからヨーロッパの全体像まで

清水　じゃあ、ぼちぼち本題に移りましょうか。今回の課題図書は、東ヨーロッパ史研究者、秋山晋吾《しんご》さんの『姦通裁判』です。これ、たまたま高野さんも僕も同時期に読んでいたんですよね。

高野　久しぶりに、読んで清水さんの感想を聞きたいなと感じた一冊です。新書で出版されていますけど、内容的には専門書ですよね。情報量が多くて、状況もとても具体的に描かれている。

清水　一八世紀のトランシルヴァニア侯国[*7]の人々の暮らしが見て取れるだけじゃなくて、歴史研究の方法論がわかるじゃないですか。そこがいいですよね。これから大学の史学科で勉強しようと思っている人には分野を問わずお薦めです。

高野　清水さんはどういうところが面白かったですか。

＊7　トランシルヴァニア侯国
ルーマニア北西部にあった侯国。オスマン帝国支配下、ハンガリー貴族出身のバートリ家が一五七〇年に王位を辞して侯となることで成立。一八六七年にオーストリア＝ハンガリー二重君主国の一部となり、消滅する。

清水　裁判の中身自体は、コザールヴァールという村の貴族の一人だったイシュトバーンの妻ユディトと、イシュトバーンのいとこであるアーダームが浮気をしていたかどうかという、ごく些末《さまつ》な話ですよね。ところが、その舞台が目に見えるようにわかる。アーダームはイシュトバーンの屋敷にずかずか入り込んできてはユディトと情事を重ねますけど、秋山さんは史料を駆使して屋敷の間取りまで復元している。これは日本の中世史ではまず不可能です。

貴族の屋敷そのものも面白くて、敷地内に従属農民の家があるんですね。だから、イシュトバーンに仕える農民たちは、アーダームとユディトの不倫の様子を逐一目撃している。

高野　そうそう。こっそり逢引《あいびき》を手伝ったりもしている。

清水　それと、屋敷の中に居酒屋まであるんですよね。従属農民たちだけのための店ではなくて、外からもふつうに村人が酒を買いに来る。

高野　貴族の屋敷一つひとつが小さな村みたいなつくりになっているんですよね。

清水　秋山さんは実際にこのコザールヴァール村を訪ねて、村に教会が二つあることなんかも確認していますよね。

高野　史料を入念に読み込んでいるだけではなくて、現地に行って、今、暮らしている人たちの生活も見ているんですよね。だから居酒屋の営業時間が早朝と夕方だということも特定できる。

清水　そうそう。今でも、早朝、農作業に出かける男たちがトラクターに乗って居酒屋にやってきては、ショットグラスで蒸留酒を引っかけていく。ああいう現在の風景の描写がさりげなく盛り込まれているあたりも、この本の魅力ですね。

高野　僕はね、読んでいて、グーグルマップを見ているような感覚になったんですよ。基本的に村の暮らしを復元しているんだけれども、ときどきグーッとカメラを引くような感じでヨーロッパ全体の歴史とか宗教の話を展開していくでしょう。その後にまたガーッとアップで村の景色や屋敷の内部に寄っていって人々の生活を見ていく。グーグルマップでもさすがに間取りまではわからないけど（笑）。

清水　確かに。ミクロとマクロを行ったり来たりするような視覚的効果が感じられる本ですよね。

複雑さを抱えた村の定点観測

高野　それにしても、トランシルヴァニア侯国って、とっつきにくくなかったですか。

清水　ええ、そう感じました。ドラキュラ[*8]の生誕地というぐらいの基礎知識しかなかったから。

高野　歴史的にもちょっとややこしい地域ですよね。もともとはハンガリー王国[*9]の辺境だったんだけど、一時、オスマン帝国[*10]に併合された後、ハプスブルク家[*11]が支配するオーストリア＝ハンガリー二重君主国[*12]の一部に組み込まれて、第一次世界大戦後にルーマニアに割譲されている。

清水　詳しく説明されればされるほど、逆に距離を感じます（笑）。

高野　僕らはほら、日本史と世界史ってくっきり分けて教えられるじゃないですか。それもいかがなものかと思うし、だからこそ、第二章で取り上げた『世界史のなかの戦国日本』のような本を読

*8　ドラキュラ
アイルランドの作家ブラム・ストーカーの怪奇小説『吸血鬼ドラキュラ』の主人公。トランシルヴァニアの伯爵で、生血を求めてロンドンに出没する。冷酷で知られたワラキアのブラド串刺し公（ブラド・ツェペシュ）がモデルという。

*9　ハンガリー王国
一一世紀初め、マジャール人によって建設された王国。現在のハンガリー共和国の領域を中心に栄えた。

*10　オスマン帝国
一二九九年、オスマン1世が小アジアに建国したトルコ系イスラム国家。地中海周辺のアラブ諸地域、バルカン半島をも支配下におき、アッバース朝滅亡後のイス

むと、とても面白く感じるんだけど、学校の授業では日本史は日本史で一応、完結したものとして勉強しますよね。
　でも、ヨーロッパの人たちって、なかなかそういうわけにいかないですよね。自国の歴史とヨーロッパ全体の歴史をはっきりとは分けられない。

清水　この姦通裁判の記録もルーマニアではなく、ハンガリーの国立文書館に収蔵されているんですよね。

高野　コザールヴァール村の中だって、すごく複雑でしょ。住民の圧倒的多数を占める農民層はルーマニア系の東方正教徒であったのに対し、貴族の大部分はプロテスタントのカルヴァン派[*13]、ユディトを含め数人はローマ・カトリックで、イシュトバーンやアーダームが属するラーツ家はギリシア・カトリック[*14]だったとある。小さな村なのに、こんなにいろいろな宗教の信徒がいるんですよ。

清水　しかも、この姦通裁判のわずか数年前に、ルーマニア人正教徒たちがギリシア・カトリックの教会堂を占拠して、派遣された軍が村人四十人を捕縛し、村長の息子を公開処刑するという、ちょっと気になる事件も起きているんですよね。

ラム世界の覇者として君臨。一九二二年、トルコ革命により滅亡した。

＊11　ハプスブルク家
一〇世紀なかば南ドイツに興り、中部ヨーロッパを中心とした広大な地域に君臨した一族。神聖ローマ帝国およびオーストリアの王家。

＊12　オーストリア＝ハンガリー二重君主国
ハプスブルク帝国のこと。一八六七年、オーストリア皇帝がハンガリー国王を兼ねるようになってからこう呼ばれる。

＊13　カルヴァン派
プロテスタントの中で特にルター派に対してカルヴァンの教えを強調する教会の総称。改革派教会とも呼ば

高野　秋山さんの歴史に対する興味の持ち方自体は、清水さんと似てませんか。

清水　嫉妬をおぼえますよ。僕もね、こういうのを書いてみたいなと思っているんですよ。歴史学者って、普遍的なものを書きたいと願う一方で、どこかの特徴的なフィールドを定点観測して歴史をよみがえらせてみたいという思いも持っていたりするんですよね。史料がないと、なかなか難しいんですけど。

高野　難しいんですか。

清水　ええ。日本中世史でもあることはあるんですよ。たとえば網野善彦さんは、福井県の太良《たら》荘という荘園の成立から崩壊までを描いた『中世荘園の様相』[*15]（塙書房）という本を書いていて、僕、結構好きなんですよ。あとは、石母《いしも》田正《だしょう》という歴史学者が戦後間もない頃に書いた『中世的世界の形成』[*16]（岩波文庫）という本も、三重県にあった黒田荘の歴史をずっと追いかけた名著です。あんなふうに特定の荘園の歴史を追跡してみたいと思っている民衆史の研究者は多いと思いますよ。

高野　定点観測ではあるけれども、かなり時代に幅を持たせて見

れる。神の超越性と主権を強調し、国家に対する教会の自律性を重んじる。日本基督教会もその流れの一つ。

＊14　**ギリシア・カトリック**　カトリックを信奉するハプスブルク家支配の下、一七世紀末に東方正教をローマ教会に合同させて誕生した宗派。要するにギリシア正教がカトリック化されたもの。

＊15　**『中世荘園の様相』**　鎌倉時代の東寺領若狭国太良荘（現在の福井県小浜市）に生きる人々の生活を描いた、網野善彦の最初の著書。

＊16　**『中世的世界の形成』**　東大寺領伊賀国黒田荘（現

ているんですね。その当時の人を追いかけるのはやっぱり難しいんですか。

清水　一人の人間の人生を一冊の本にできるぐらい復元するのは、中世史では有名人以外では不可能じゃないですかね。江戸時代ならぎりぎり可能かもしれない。

おそらく秋山さんは意識していると思うんですけど、アラン・コルバンというフランスの歴史学者が書いた『記録を残さなかった男の歴史』[*17]（藤原書店）という本があって、一八世紀のノルマンディー地方の村の出生記録から無作為にピックアップした人の生涯を徹底的に調べているんです。何者でもない、ふつうの人を選んでその一生を復元するって、それだけ聞くと面白そうでしょ。

高野　うん。

清水　それがあまり面白くないんですよ。

高野　言っちゃってるし（笑）。

清水　やっぱりふつうの人の人生って、あまり面白くないし、それは情報量が少ないからでもあるんです。だから、この『姦通裁判』の面白さはやっぱり史料との出会いによるところが大きいいん

在の三重県名張市）に生きる人々の古代的専制支配との格闘過程を唯物史観にもとづきダイナミックに描いた、戦後歴史学の代表的著作。

＊17　『記録を残さなかった男の歴史』　無作為に抽出した一九世紀ノルマンディー地方のひとりの木靴職人の人生と、その生活環境を復元する実験的な歴史叙述。

ですよね。

最後の一線に踏み込まない村人たち

清水　ちょっと裁判の中身に入っていっていいですか。ヨーロッパの裁判って、異端審問[*18]がその最たるものなんでしょうけど、徹底的に証言を集めて断罪まで持っていこうとするじゃないですか。

高野　日本の中世や近世の裁判はもっとあいまいですか。

清水　江戸時代でも、政治権力の側が積極的に証拠を集めて裁判をやっていたような形跡はなかなか見られないし、民事なら白黒つけるよりは示談がベターぐらいに考えていたかもしれません。

高野　確かに、貴族の妻が姦通していたかどうかという裁判で、よくもここまで時間や労力をかけましたよね。だって、行政から判事を派遣して、二回にわたって証人尋問をして、計百六人の村人から証言を集めているんですから。

清水　すさまじいエネルギーですよね。同じ時代の日本でも姦通をめぐるトラブルはもちろんありましたけど、ここまではしない。

＊18　異端審問
中世のカトリック教会が、異端者の摘発と処罰のために行った裁判。

　ただ一方で、イシュトバーンの屋敷に出入りする村人たちは、ユディトとアーダームの浮気の様子を赤裸々に証言するわりに、核心部分についてははぐらかすんですよね。「ユディト様たちが公然と姦通に及ぶのは見たことがありません」って。ここ、面白くないですか。

高野　これ、読んでいて不思議に感じたんだけど、セックスの現場って、ふつう第三者は目撃できないでしょう。

清水　だけど村人たちは、二人がベッドの上でいちゃついたり、下着やズボンを脱がし合ったりしている様子は見ているんですよ。そこまでやっているなら黒に決まっているだろうと思うんだけど、「姦通は見ていない」という証言は一致している。

高野　つまり姦通の有無って、厳密に調べようとすればするほど、立証がものすごく難しくなるんですよね。

清水　でも、なんかちょっとわかる気がしますよ。村人たちは、ユディトは身持ちの悪い女だと信じて疑ってなくて、だから裁判に引っ張り出されると、べらべらしゃべるんだけど、姦通を証明する決定的な証言をして後でユディトやアーダームに恨まれたりするのもいやだから、最後の一線には踏み込まない。そういう庶民の知恵じゃないですか。

高野　賢いですよね。

清水　裁判では、ユディトとアーダームの親族関係も争点になるんですよね。当時の法律では、イシュトバーンのいとこであるアーダームがユディトと性行為をしていれば、姦通よりも重罪の近親相姦になりかねない。だから審問官は証人尋問の際に二人は「何親等[*19]にあたるか」と問いただすんですけど、村人たちは直接答えなかったり、「知らない」と言ったりして口を濁す。

高野　判決にかかわるのを回避するんですよね。

清水　これも庶民の知恵なのかもしれない。

高野　よくよく考えると、原告であるイシュトバーンの狙いもはっきりしないですよね。二人の姦通を裁判で認定してもらって、ユディトと離婚したいのか、それとも元のさやに納まりたいのか。

清水　そうなんですよ。

高野　イシュトバーンは村の中ではぜんぜん尊敬されていなかったみたいだから、単に裁判で自分の話を聞いてもらいたかっただ

＊19　**親等**
親族関係の遠近を示す単位。親・子を一親等とし、祖父母・兄弟姉妹・孫は二親等。

けかもしれないですよ。結果として、約二百五十年後、遠く離れた日本にいる僕らまでが事件を知ることになっちゃったわけですけど。

清水　ものすごくプライベートな領域に踏み込んだ裁判記録が残ってしまいましたからね。

高野　内容にかかわらず、公文書はしっかり残しとかなきゃいけないという話ではありますね（笑）。

清水　秋山さんもフルに活用していますけど、ヨーロッパの場合、教区簿冊[*20]が残っているのがうらやましいですよね。生まれた子どもが洗礼を受けた日とか、亡くなった人が埋葬された日が教会の史料で確認できる。まさに「ゆりかごから墓場まで[*21]」の記録が残っている。

高野　生年と没年がわかるわけですよね。日本だと、どうなんですか。

清水　宗門人別帳[*22]や検地帳[*23]が残ってはいるんですが、子どもが生まれても、育つかどうかわからないからという理由で、七歳になるぐらいまで届け出をしなかったりするんですよ。だから、歴史

＊20　教区簿冊
前近代ヨーロッパで、地方行政の最小単位とされた教区で作成された住民名簿。教区の司祭が教区民の洗礼・婚姻・埋葬を日を追って記録した。出生・結婚・死亡のデータが得られることから、歴史人口学の基本史料とされる。

＊21　「ゆりかごから墓場まで」
生まれてから死ぬまで。とくに生涯にわたる社会保障政策の充実を示すものとして、第二次大戦後のイギリス労働党が唱えたスローガン。

＊22　宗門人別帳
江戸時代、村や町が領主に提出した住人の宗旨と檀那寺などを記録した帳簿。キ

人口学[*24]は圧倒的にヨーロッパの方が進んでいますね。

高野　そういえば、ずっと前に清水さん、フランスに行って向こうの歴史学者と交流したって話していましたよね。あれは何をやったんでしたっけ。

清水　日本の中世の古文書とヨーロッパの古文書を比較する共同研究でした。

高野　何か面白いことはわかったんですか。

清水　向こうは公証制度[*25]が伝統的にすごく発達しているんですよ。たとえば土地が売買されたりするときにも、公証人が入って記録をつくっていて、そういうのが歴史史料として結構重要らしいんです。

ただ、「日本ではどうなっているんですか」って聞かれたんですけど、日本で公証制度ができたのは明治以降じゃないですか。

高野　それまでは当事者間でやりとりするだけだったんですよね。

清水　ええ。政府なり地域権力なりが第三者的に介在する例はあまりない。でも、「日本にもまったくなかったわけじゃないですよ」っていう話を僕も一応したんです。「徳政令[*26]が出されるリス

リシタンの取締りを目的としたものだが、戸籍簿としての機能も果たした。

*23　**検地帳**
豊臣政権・江戸幕府・諸藩などが検地を行い作成した土地台帳。耕地の地名・面積・等級・耕作者などが記され、最後に村高を集計した。江戸時代の農民支配のための最も基本的な帳簿。

*24　**歴史人口学**
戸籍や教区名簿などをもとに、主に前近代の人口動態や家族形態を研究する歴史学の方法。一九五〇年代のフランスで開発され、長期の歴史変化を解明する有効な手法として定着。日本の近世史研究にも応用された。

クがあったので、売買当事者が戦国大名に一筆もらって書類をつくったりしていました」って。そうしたら「徳政令って何ですか」って聞かれて。

高野　そこをまず説明しないといけないのか（笑）。

清水　「売ったものが戻るって、どういうことですか」とか「それで売買が成立するんですか」とか、そこに質問が集中しちゃって。「ヤバいぞ、日本の中世は」って思われたかもしれないけど、すごく興味を示してくれました。

教会占拠事件と姦通事件の関係は？

高野　僕はどうしても日本と比べてしまうんですけれども、この本に出てくるイシュトバーンやアーダームって、貴族とはいっても、日本人が想像するような貴族ではなくて、どちらかというと庄屋[*27]さんレベルですよね。村の人たちに混じって暮らしているし。

清水　いわゆる都市貴族ではないですね。庄屋さんとか土豪[*28]とかそのぐらいのクラスですよね。

＊25　公証制度
特定の事実や法律関係を公的な機関が証明する制度。起源は中世ヨーロッパにあり、現代日本では不動産の登記や公正証書の発行などで市民生活に関わりをもつ。

＊26　徳政令
鎌倉幕府や室町幕府などが発した、売買・質入れ地の取り戻しや債権・債務の破棄を定めた法令。本来は古代・中世の政治権力の代替わりや災異時の政治改革（徳政）の一環だったが、のちに土地の取り戻しや債務破棄のみを指すようになった。

＊27　庄屋
江戸時代の村役人。代官の命をうけ、村の年貢徴収・自治全般をつかさどる。庄

高野　こういう日本以外の歴史の本を読んでいると、支配階級が武士ではないことも、当たり前だけど新鮮に感じられるんですよね。日本の歴史って、平安末期以降の支配階級はずっと武士じゃないですか。

清水　その点、このコザールヴァール村の貴族たちは騎士[*29]としてのアイデンティティみたいなものも持ってなさそうですよね。特にイシュトバーンはケンカが弱くて、ときにはユディトからも足蹴にされているほどだし。

高野　だからイシュトバーンは村人たちにも馬鹿にされているんだけど、一応、銃は持っているんですよね。あれはちょっと意外だった。

清水　ああ、丘の上でアーダームとユディトが逢引しているのに気づいたイシュトバーンは、屋敷からカービン銃[*30]を持ち出して向かっていくんですよね。

高野　そうそう。だけど、逆に銃をアーダームに奪われて、ボコボコに殴られちゃう。

清水　少しネタばらしになってしまうけど、結末についてはどう

屋は主に西日本の称で、東日本では名主（なぬし）、東北地方では肝煎（きもいり）などと呼ばれた。

＊28　土豪
土地の有力者。中世では領主階級（武士）と一般農民（百姓）の中間に位置して、支配者と被支配者の両側面をもつ。近世の兵農分離によって、しだいに淘汰されていった。

＊29　騎士
中世ヨーロッパの武人の称。領主に仕え、忠義・勇気・礼節などを貴び、武功を立てることを名誉とした。

＊30　カービン銃
一六世紀末に生まれた騎兵用の銃身の短いライフル銃。

思いました？　一見、ユディトは奔放な女のようだけど、実は夫のイシュトバーンの借金返済のために走り回ったりもしていて、イシュトバーン自身も間男のアーダームに借金の肩代わりを頼み込んで、その見返りに自分の家の権利を彼に譲っていた。しかも、ユディトはアーダームと暮らすようになってからも、アーダームが貴重品を入れている長櫃《ながびつ》の鍵を管理していた。つまり、振り回されていたのは間男のアーダームだったんじゃないかという仮説を秋山さんは提示していますね。このあたりは推理小説を読んでいるときのようなスリルが感じられるじゃないですか。

高野　薄皮をめくっていくようにユディト像が浮かび上がっていくのは面白いですよね。だけど、ユディトが自我の強い奔放な女だったことと、経済感覚の鋭い女だったことは、必ずしも矛盾しないと思うんです。ある意味、彼女はラーツ家の家長みたいに振る舞っていますよね。アーダームの方は、プレイボーイのように見えて実はユディトにうまく操られていたのだとしたら、少しイメージが変わるけど。

清水　いずれもそれぞれの人物が持っている二つの側面なんです

かね。

高野　そういう感じだと思いますよ。

清水　さっきお話ししたギリシア・カトリック教会占拠事件との関連についてはどう思います？

　今回知ったんですけど、秋山さんは『歴史的に考えるとはどういうことか』[*31]（南塚信吾・小谷汪之編著、ミネルヴァ書房）という大学生向けの入門書に「史料から歴史へ」という論文を載せているんです。これも『姦通裁判』と似たつくりになっていて、一八世紀にハンガリーのある村のおばあさんが魔女裁判[*32]にかけられるんですけど、結局、無罪になるという話なんです。

高野　面白そうですね、そっちも。

清水　その中で最後に登場するのが、ハプスブルク家の当主であるマリア・テレジア[*33]で、彼女が啓蒙改革の一環として魔女裁判を禁じるようになったので、その影響を受けて、おばあさんは無罪になったんじゃないかと秋山さんは推論しているんですよ。

高野　マリア・テレジアはこっちの本にも出てきましたよね。

清水　ええ。カトリックの擁護者であるハプスブルク当局は、ト

＊31　『歴史的に考えるとはどういうことか』　編者二名のほか四名の気鋭の世界史研究者が、歴史学や歴史教育の意義や課題について平易に語る歴史学入門書。

＊32　魔女裁判　一三～一八世紀のヨーロッパでみられた、魔女や魔術師の摘発と処罰のために行われた裁判。魔女の疑いのもと多数の罪のない民衆が処刑され、集団ヒステリーが生み出した歴史上の悲劇として悪名高い。

＊33　マリア・テレジア（一七一七～八〇）　オーストリアの女帝（在位一七四〇～八〇）。オーストリア継承戦争、七年戦争に苦戦するが、以後、内

ランシルヴァニアの貴族層で優勢なプロテスタントに対抗するために、正教徒をギリシア・カトリックにした。だけど、この政策はマリア・テレジアの時代に挫折するんですね。その結果、正教会とギリシア・カトリック教会は併存することになって、トランシルヴァニア全土でルーマニア系の正教徒がギリシア・カトリック教会を占拠し始めたと秋山さんは解説している。

それがコザールヴァール村でも起きたのが姦通裁判の数年前で、その頃はもうアーダームとユディトの不倫は始まっていたんですよね。しかも、イシュトバーンやアーダームらラーツ家の面々は村ではほぼ唯一のギリシア・カトリック信徒でもある。

だけども、この事件のことは姦通裁判の証言記録には一切出てこないんですね。「確実に、二つの事件はなんらかの連関性を持っていたはず」と秋山さんは書いているけど……。

高野　どんな連関性があったのかについては言及していない。

清水　ここ、もうちょっと想像を入れてもいいんじゃないかな（笑）。秋山さんは史料との向き合い方がとても禁欲的ですよね。この本の中では「史料の饒舌《じょうぜつ》さに惑わされてはいけない」とか

政・軍政改革を行い、オーストリアの絶対主義の確立に尽力した。

「史料はすべてを語るわけではない。失われた史料もあれば、まだ見つかっていない史料もあるだろう」といったことも書いているし。

高野　非常に良心的ですよ。

清水　エピローグでも、「史料が語らないことのほうが、わかることよりも、はるかに多い」という一文で締めくくっている。研究者として誠実なのかもしれないなあ。

ヨーロッパの東西、日本の東西

高野　裁判の話からはそれてしまうんですが、「建国」についての説明があったじゃないですか。ヨーロッパで建国っていうのは、諸部族を束ねる首長がキリスト教に改宗し、ローマ教皇から王冠を得たことを指すって。僕はここを読んで、EU[*34]というのはこれをモデルにしたのかって思ったんですね。

清水　え？

高野　EUができて、ヨーロッパのいろんな国が連合体として一

＊34　EU　欧州連合。一九九三年に生まれた、ヨーロッパを中心とする政治経済の連合体。加盟国は二十七カ国（二〇二〇年現在）。本部はブリュッセル。

つにまとまったわけでしょ。そんなことが実現可能なのかなって思っていたけども、実際やってしまったし、なんだかんだいって機能し続けているじゃないですか。それは、かつてローマ教皇のもとに諸国が連なった経験があったからなのかなって思ったんです。

清水　ああ、確かに中世ヨーロッパも連邦国家的ではあるんですよね、ローマ教皇を頂点とした。それが「一つの欧州」というイメージとして底流にあったから、ＥＵが成立したと。

高野　そうそう。だとすると、仮に東アジアで日本と韓国と中国が共同体をつくろうとしても、ＥＵみたいなものができるかというと、とてもそうは思えないんですよね。できるとしたら、中国を頂点とする冊封[*35]スタイルになりそうな気がするんです。

清水　日本国内に関して言うと、戦国時代の日本の状況を宣教師がヨーロッパに報告するときに、「ヨーロッパみたいだ」と説明しているんですよね。武田氏や上杉氏や織田氏といった戦国大名がそれぞれ領国を経営しているけれども、彼らは京都にいる天皇の臣下でもある、これはヨーロッパにおけるローマ教皇と封建諸

＊35　冊封　近代以前に中国が国内外の諸侯・君主と結んだ封建的な主従関係。冊封された諸侯・君主は定期的朝貢、中国の要請に応じる出兵、臣礼遵守などの義務を課されるかわりに、領地支配の正当性を認められ、外敵の侵略に際し中国の庇護を保証される。

侯[36]の関係と似ているというふうに。

高野　そういうふうに報告するのがわかりやすかったんでしょうね。戦国時代って、しっちゃかめっちゃかに見えるかもしれないけど、案外、秩序が働いているんだよという理解ですよね。

清水　そういうことですね。

高野　その一方でね、ヨーロッパは東と西とではかなり違うんだっていう見方も秋山さんは示していますよね。バルト海[37]のサンクトペテルブルク[38]とアドリア海[39]のトリエステ[40]を結ぶ「ヘイナル・ライン[41]」を境に、西部では初婚年齢と生涯未婚率が高くて、東部では低くなるとか。

清水　文明が爛熟《らんじゅく》している地域では、人々の晩婚化や未婚化が進むという説ですよね。

高野　それで西ヨーロッパの若くて富裕な貴族は独身時代に「グランドツアー」と称して、こぞって長期旅行に出て、見聞と人脈を広げるんですよね。

清水　現代で言うモラトリアム[42]ですね。

高野　ヨーロッパの東西の違いは農業構造にも見られて、西部で

＊36　封建諸侯
中世ヨーロッパの封建制度において、王と主従関係を結び一定の支配地と臣下をもった領主階級。封建領主。

＊37　バルト海
ヨーロッパ北部、スウェーデン、フィンランド、ロシア、エストニア、ラトビア、リトアニア、ポーランド、ドイツに囲まれた海。地中海と並んでヨーロッパ海上貿易の主要舞台であった。

＊38　サンクトペテルブルク
ロシア西部の都市で、一九一七年までロシア帝国の首都。ソ連時代はレニングラードと呼ばれた。

＊39　アドリア海
地中海の一部をなし、イタ

は農民の自家経営が主流になっていたのに対して、東部では領主の大規模農場経営が発達したともありますよね。

清水　うん。秋山さんも、単純化してとらえてしまうことの危険性に留意しつつ、その見方はおおむね正しいと考えているようですね。

高野　そこで清水さんに聞きたかったんですけど、日本でも東と西は違うって、柳田國男《やなぎたくにお》や宮本常一《みやもとつねいち》*43が言っているでしょ。この場合の境目はやっぱりフォッサマグナですか。

清水　それはそう言われています。村落共同体が西日本ではフラット型で、東日本ではピラミッド型なんですよね。西では、村の仕事を輪番制にしてみんなで回すけれども、東では、ボスの一族の中だけで回すというふうに。

　その理由についてはいろいろ言われているんですが、一つは農業のやり方の違いなんです。西日本は水田中心だったので、どうしても助け合いが必要になる。

高野　結《ゆい》*44でしたっけ。みんなで労働力を提供し合う。

清水　ええ。だから村の中の人間関係がわりあいフラットになっ

リア半島とバルカン半島に挟まれた海域。

*40　トリエステ
イタリア北東部、フリウリ・ベネチア・ジュリア自治州の州都で、港湾・工業都市。

*41　ヘイナル・ライン
イギリスの人口学者ジョン・ヘイナルは「ヨーロッパの西部において、高い初婚年齢と高い生涯未婚率に特徴づけられる結婚形態が遅くとも一七世紀に成立した」と主張。低い初婚年齢と低い生涯未婚率の東ヨーロッパ型と隔てる境界線はヘイナル・ラインと呼ばれる。

*42　モラトリアム
青年が社会人として自己を

たんです。他方、東日本では未開地が多いので開墾が欠かせないんですね。そうすると、強力なボスが指導力を発揮して人海戦術で作業しないとやっていけない。

それから水の確保ですね。西日本は河川がわりと小さくて水の確保がしやすいんです。だけど、東日本は大きな河川が多いので、長大な用水路を建設しなくてはならないから、やっぱりボスの指揮のもとで作業した方がはかどるんです。

あとは、荘園制と武士社会の違いですかね。中世の西日本は荘園制が仕組みとして強く残ったので、領主である貴族や寺社は村の外にいる不在地主という位置づけじゃないですか。そうすると、現場の農民の裁量が大きくなって、村の構造もフラットになる。

これに対し、東日本は鎌倉幕府ができたりしたこともあって、武士が村に居ついてしまったんです。

高野　ああ、社長がいつも作業現場に顔を出す会社みたいな？　それはキツいな。

清水　ええ、そうやって武士にいつもにらまれていると、個々の農民の自己裁量の余地が狭まるので、村の構造がどうしてもピラ

確立するまでの猶予期間。経済的な非常事態に際して、債務の支払いを猶予する法令が原義。

＊43　フォッサマグナ
本州の中央部をほぼ南北に横切る構造帯。これを境に東日本と西日本に大きく分けられる。

＊44　結
日本の村落で田植えや稲刈りなどを、互いに助力しあうこと。

ミッド型になる。
高野　そういう説明がされているんですか。
清水　ええ。まあ、結果としてそうなっているので、後知恵で言っているのかもしれませんけど、昔からそんなふうに説明されています。

真剣に読み、言いたい放題言う

清水　今回は久しぶりでしたけど、読書会を続けてきて、高野さんはどうでした？
高野　読んで本について清水さんとあれこれ話ができるのは、純粋に楽しいですよ。
清水　読者からは結構、「うらやましい」っていう声が寄せられたじゃないですか。本が好きでも感想を語り合える相手が周りにいなくて、読書が個人の体験で終わってしまう人は多いんでしょうね。
高野　それがふつうでしょう。

清水　その点、誰かと会ってアウトプットすることが決まっていると、その分、真剣に読むから理解も深まるし。
高野　読書がより貴重な体験になりますよね。
清水　学校で課題図書を指定されて読むのともまた違う感じ。
高野　むしろ、学校でもこういうふうに読書会をやればいいんじゃないですか。
清水　個々の生徒が先生に感想文を提出しておしまいにするんじゃなくて？
高野　そう、生徒同士でグループをつくって、僕らがやったみたいに何でも言いたい放題に言える読書会をしたら、盛り上がるんじゃないかな。ふだんあまり読まないようなジャンルの本も面白く読めるし。
清水　そうそう、ちょっと歯応えがあって、若干の義務感がないと手を伸ばさないような本がちょうどいい。読書会報みたいな冊子を編集して、みんなで話したことを残してみてもいいでしょうね。
高野　僕たちもまた機会をつくってやりましょう。ありがとうございました。

清水　こちらこそ、ありがとうございました。

解説

内藤 順

読書には、大きく分けると外在的読書と内在的読書の二種類が存在すると言われている。外在的読書とは読書の目的が本の外部にあって、本は手段の一つというケースを指す。一方、内在的読書は本を読むこと自体が目的化しているケースだ。これをたとえは悪いが、私は薬とヤクブツのような関係と解釈している。

一般的に「本好き」と言われる人は、内在的読書を実践しているケースが多いと思う。実際に私が編集長を務めるノンフィクション書評サイトＨＯＮＺ（https://honz.jp）のメンバー達も本を読むこと自体に面白さや価値を見出《みいだ》しているケースが多いから、典型的な内在的読書のスタイルと言えるだろう。

だが書評を書くということに関しては、少し勝手が違う。私が書評を書く際に最も気をつけているのは、内在的読書の帰結をそのままには紹介しないということである。自分自身では内在的な読書であったものを、さも外在的読書であったかのように変換し、第三者が読むべき理由を明示することこそが良い書評につながるのだ。しつこいたとえだが、ヤクブツを薬のようにセールスするといったところだろうか。

このように第三者に対して本の紹介をするということには、特有の難しさがある。しかしHONZのメンバーと話をする場合は、その手間が省けるから随分と気も楽になるものだ。内在的読書の帰結をそのまま話しても、同じような価値観をもち、同じような本の面白がり方ができるという前提があるからだ。

そのうえ何年も同じメンバーで本の活動を続けていると、自分のための読書とメンバーに紹介するための読書が重なりあってきたりもする。すなわち内在的読書と外在的読書が一体化した状態とも言えるが、これは中毒患者に正当な理由や目的を与えてしまっているという意味でも罪が重い。この状態まで来ると、もはやお互いその沼から抜け出すことは難しくなっているとも言えるだろう。

たしかに同じような読書量のメンバーが集まり、本をネタに好き勝手に妄想のようなことを言い合うだけでもそれなりの楽しさはある。しかし、これを継続的に習慣化していくためには、いくつかの条件があるはずだ。

一つは、妄想のような会話に少なからずリアリティが伴ってくる必要があるということだ。HONZの例で言えば、サイエンス本の話に触れながら、ふと感じた疑問に答え合わせのできる人材が整えばグッと面白くなる。また信じられないようなノンフィクションを前にそれに近しい体験をしたことのある人の話が加わった時にも、盛り上がりを見せることが多い。自分では想像しか出来なかったことが、誰かの体験と地続きになることで、一気に自分ごと化するような感覚が味わえるのだ。

むろん視点に多様性があった方が良いので、十五人から二十人くらいのメンバーを集められると、ほどよく会は盛り上がるはずだ。だが、そんな我々の固定概念をたった二人で鮮やかに打ち破ったのが本書の試みであった。

世界の辺境を主戦場とするノンフィクション作家・高野秀行、そして日本中世史を専門とする大学教授の清水克行。この二人が互いに八冊の本を指名し、足掛け二年間をかけて語り合った。そのハードボイルドな読書会の模様を収めたのが、本書『辺境の怪書、歴史の驚書、ハードボイルド読書合戦』である。

読書会のやり取りを通して、高野は清水に答え合わせを求め、清水は高野に想定外の問いを求める。その引き合う力が、ただの雑談に終わらせない何かを生み出している。さらに選書もすごい。『ゾミア　脱国家の世界史』『世界史のなかの戦国日本』『大旅行記』『将門記』『ギケイキ　千年の流転』『ピダハン　「言語本能」を超える文化と世界観』『列島創世記』『日本語スタンダードの歴史』という実にディープな八冊。否《いや》が応《おう》でも期待は高まる。

この二人の読書会の成功要因はいくつかあると思うが、まず感じるのは、辺境探検家という空間のプロフェッショナルと日本中世史の大学教授という時間のプロフェッショナルが、それぞれ違う角度から同じ方向を見つめているということだ。

「誰もいかないところへ行き、誰もやらないことをやり、誰も知らないものを探す」ことをテーマとする高野にとって、辺境という「地続きの最果て」こそが興味の対象であることは言うまでもないだろう。一方で、日本中世史を専門とする清水はどうだろうか？　本書でも紹介されているが、日本人の生活文化の基礎が出来あがったのが室町時代とされており、それ以前の日本はまるで別の国のような違いがあるのだという。つまり、日本の時間軸において中世こそが「地続きの最果て」とも言えるのだ。

「地続きの最果て」を求める二人の感覚が重なり合うポイントは、ともに常識と非常識を入れ替えてみようと考える、アナーキーな思考の持ち主であるということだ。本書の記述には、その傾向が随所に見て取れる。しかも「地続きの最果て」という分野は、ニッチでありながら広範な領域にテーマが及ぶから、今後もネタは尽きそうにもない。

さらに特筆すべきは、二人の場合は我々と違って、本を読むという道楽とそれぞれのプロフェッショナリズムが表裏一体となっている点だ。その専門性の高さゆえであろうか、二人とも本にストーリーではなく、ユニークなファクトを求めているような印象を受けるのだ。

だからこそ選書には、決してリーダブルとは言えない専門書に近いようなものも含まれる。この手の本を楽しむためには、部分的なファクトから、別のストーリーを構築できるような幅広い知識が求められることだろう。

一連の読書会を通じて、清水はアカデミックな観点から、高野は実際に見聞きした体験談から、本から読み取ったことにリアリティを付加していく。このやり取りに、紹介されている本を購入させる力があり、さらには買ったまま本棚に置きっぱなしであった本を再び手に取らせるような力もあるのだ。

その力は、本書を一読された方なら一目瞭然のことであろう。たとえば一冊目の『ゾミア』。ゾミアとは、インド、ベトナムから中国南部にまたがる山岳地帯を指す。高野はゾミアと呼ばれる地域が、自身が行ってきた納豆の取材地と重なることに興奮を隠さない。一方、清水は定住型国家から逃げていった人たちがそこに「戦略的な原始性」をつくり出したというアナーキーな主張に理解を示す。

続いて紹介されるのが、『世界史のなかの戦国日本』。この本は、十六〜十七世紀における日本の辺境として、蝦夷地《えぞち》、琉球、対馬《つしま》に着目している。清水は、最近のグローバル・ヒストリーが全盛の時代にあえて、こぼれ落ちる世界に目を向けている点を高く評価する。一方、高野は日本の辺境を、東アジアの中心と捉えることで、自分の頭の中の地図が変わることに共感を寄せる。

また、私がお二人と一緒に登壇したイベント（本書の刊行記念イベント「面白い本を読んだら誰かと話したい！」二〇一八年四月十一日@東京堂書店）で、一番盛り上がったのが『ピダハン』。これはアマゾンの先住民族が使っている変わった言語を紹介している一冊だ。高野は世界中の言語を一つの法則で説明しようということの無理さを指摘し、清水はゾミアに住む人達と日本人との類似性を指摘する。

文庫版で、あらたな本が追加されたのも嬉《うれ》しいポイントだ。それが『姦通裁判』である。これは中世ヨーロッパのトランシルヴァニア侯国のとある村で起きた裁判の証言記録を読み解いた一冊だ。この中で清水は、一人の人間の人生を復元することの難しさを指摘し、高野は証言時に最後の一線に踏み込まない村人の知恵に舌を巻く。

全編を通して緩やかにつながっているのが、スタンダードの求心力と、辺境の遠心力が引き合いながら平衡を保っている様だ。現代社会においても、画一的な社会から多様性の溢《あふ》れる方向へ不可逆に変化を遂げているものと思いがちだ。

しかし本書を読むと、実際は、世界における多様性とは時代や場所を問わず一定だったのではないかという印象を受ける。それが多様性への一方通行に感じてしまうのは、辺境について知らないだけであったり、もしくは辺境の側が知られることを望まなかったりしたからではないだろうか。

さらに、多様性や分散型というものが持ちあげられがちな昨今の風潮も、一面的な物の見方によるものに過ぎないことが理解できる。辺境の多様性というものを知れば知るほど見えてくるのは、スタンダードというものの持つ影響力の大きさだ。

「ここではないどこか」を求める著者二人が、時間・空間を彷徨《さまよ》いながら、最終的に「今・ここ」のスタンダードへと帰着した点は非常に興味深い。ここに現実逃避と教養の違いがあるのではないかと私は考える。

辺境にせよ、中世の時代感覚にせよ、面白いものを見つけたときに、その中に一時的にはどっぷり浸りながらも、どこか冷静に一つのパーツとして相対化しているのだ。極端なものを見たときに、その不思議な世界の住人になってしまうのではなく、自らの頭の中の空間／時間のマップにファクトとしてプロットしていく。そこに現実逃避と教養の違いがあるのだ。

何度も何度も、我々の常識や思い込みを鮮やかに裏切ってくれる言説の数々、そこに圧倒的なリアリティを付加してくる二人のガイド。本を読むことだけでなく、語り合うことの面白さも存分に堪能できる一冊と言えるだろう。

（ないとう・じゅん　ＨＯＮＺ編集長）

本書は、二〇一八年四月、書き下ろし単行本として
集英社インターナショナルより刊行されました。
文庫化にあたり、新たに「追章」を加えました。

構成／秋山　基

本文デザイン／アルビレオ

S 集英社文庫

辺境《へんきょう》の怪書《かいしょ》、歴史《れきし》の驚書《きょうしょ》、ハードボイルド読書合戦《どくしょがっせん》

2020年10月30日 第1刷
2024年8月14日 第2刷

定価はカバーに表示してあります。

著 者 高野秀行《たかのひでゆき》
清水克行《しみずかつゆき》

発行者 樋口尚也

発行所 株式会社 集英社
東京都千代田区一ツ橋2-5-10 〒101-8050
電話 【編集部】03-3230-6095
【読者係】03-3230-6080
【販売部】03-3230-6393(書店専用)

印 刷 中央精版印刷株式会社 株式会社美松堂

製 本 中央精版印刷株式会社

フォーマットデザイン アリヤマデザインストア マークデザイン 居山浩二

Printed in Japan ISBN978-4-08-744168-0 C0195